RECETAS DE
CHOCOLATE

DESDE LOS GRANOS DE CACAO
A LAS MADALENAS, MOUSSES Y MOLES

El misterioso *Theobroma cacao* crece en estado silvestre en la cuenca del Amazonas y en las estribaciones de los Andes colombianos y venezolanos, donde se cree que se encontraron los primeros árboles de cacao.

RECETAS DE
CHOCOLATE

DESDE LOS GRANOS DE CACAO
A LAS MADALENAS, MOUSSES Y MOLES

BLUME

«El chocolate provoca que las personas normales se derritan en extraños estados de éxtasis.» *John West*

A los cultivadores de cacao mayas y a todos
aquellos cocineros que han compartido sus recetas
a lo largo de los años.

CONTENIDO

PRÓLOGO DE JOSEPHINE FAIRLEY

Cuando en 1991 se fundó Green & Black's, declaramos alegremente que se trataba de un chocolate «libre de culpa». Fue el primer chocolate orgánico del mundo, lo que dio a los amantes del mismo la oportunidad de disfrutar de su sabor sin tener que lamentar el impacto que su pasión producía en el medio ambiente, ya que el cacao cultivado de forma convencional es todavía una de las cosechas más tratadas con productos químicos del mundo. Puesto que Green & Black's producía un producto orgánico —palabra poco corriente entonces, aunque muy de moda ahora— la gente estaba lo suficientemente intrigada para comprarlo y probarlo. Pero sabemos que cuando alguien compra cualquier delicia de Green & Black's, repite una segunda vez, y muchas otras más debido a su excelencia. En resumen, cualquier nueva creación de Green & Black's tiene que ser la mejor de su categoría. Punto final.

Gradualmente y a lo largo de la última década, muchos de nosotros hemos empezado a preguntarnos sobre el origen de los alimentos que consumimos, y en Green & Black's creemos que hemos ayudado a cambiar el mundo de tableta en tableta de chocolate. No sólo fuimos los primeros en ofrecer chocolate orgánico. En 1993, nuestro chocolate Maya Gold, de naranja y especias, se convirtió en el primer producto en ostentar la etiqueta de comercio justo, la garantía ofrecida al comprador de que los granjeros y cultivadores que producen nuestro cacao obtienen un precio justo por sus cosechas.

Esto constituyó una revolución en las compras. El día del lanzamiento de Maya Gold, Green & Black's apareció un total de ocho minutos en los telediarios. Esto fue debido a que su inauguración coincidió con una campaña independiente para el comercio justo, por lo que descubrimos, sorprendidos, que miles de jóvenes metodistas corrían de ciudad en ciudad portando antorchas encendidas e instando a los jefes de compras de los supermercados a que compraran este producto de comercio justo. Un jefe de compras de un supermercado se quejó de que incluso había recibido llamadas telefónicas de vicarios urgiéndole a comprar nuestro chocolate Maya Gold por su integridad ética. (Aunque no tuvimos nada que ver con esos hechos, nos complació secretamente que nuestro producto recibiera ese apoyo inesperado.) En la actualidad, el auge del comercio justo implica que incluso las cadenas internacionales de cafeterías ofrecen un *cappuccino* procedente del comercio justo en su carta, mientras que los compradores pueden llenar su cesta de la compra con chocolate y cacao en polvo procedentes del comercio justo, y también té, café, plátanos y muchos más productos.

De hecho, no tuvimos que hacer nada especial para conseguir la etiqueta de comercio justo: era nuestra forma natural de llevar el negocio. Fue más tarde cuando nos dimos cuenta de que habíamos establecido un punto de partida para los negocios socialmente responsables, que posteriormente han seguido muchas grandes compañías. Green & Black's pagó desde el principio un precio más elevado que el establecido, ya que pagábamos más por los granos orgánicos. Proporcionamos a los granjeros la seguridad de contratos a largo plazo, ya que nosotros también necesitábamos esa seguridad en una época en que el cacao orgánico no se comercializaba en los mercados mundiales y precisábamos un suministro fiable. Desde entonces, hemos podido apreciar el increíble impacto que el comercio justo ejerce en una comunidad.

Cuando al principio empezamos a comprar cacao a los indios mayas de Belice, los niños dejaban la escuela a los once años porque sus padres no podían pagar su manutención semanal en la escuela secundaria de Punta Gorda, o incluso comprar los libros básicos para que estudiaran. Ahora, gracias a los ingresos seguros de Green & Black's, toda una generación de niños de las aldeas donde se cultiva nuestro chocolate van a clase hasta los dieciocho años; algunos incluso van a la universidad y uno desea estudiar medicina. Tal como dijo Cayetano Ico, el antiguo presidente de la cooperativa de cultivadores de cacao que producen el cacao para Maya Gold, «cuando usted compra una tableta de Green & Black's, envía a un niño a la escuela». Comprar éticamente transforma realmente a mejor las vidas y las comunidades. Siempre hemos creído que los productos de comercio justo deben ser tan deliciosos, o más, que los otros. Si no fuera así, nuestros clientes no los comprarían más de una vez, y las vidas de los granjeros del Tercer Mundo no podrían evolucionar.

A menudo nos preguntan el por qué del nombre de Green & Black's. De hecho, nos vino a la mente la noche de un sábado lluvioso a mi marido, Craig Sams, fundador de Whole Earth Foods (y en la actualidad presidente de Soil Association), y a mí, mientras buscábamos un nombre para el chocolate que íbamos a lanzar juntos. No existió nunca un tal Sr. Green y un Sr. Black: tan sólo una pareja sentada en la cama con un bloc de notas y un bolígrafo que se divertía al idearlo. Como amante de los dulces desde la infancia, recuerdo marcas de mi niñez que todavía permanecen en mi mente, como Callard & Bowser, Barker & Dobson. Y así nació Green («verde», por lo orgánico) y Black («negro», porque el chocolate es de color marrón oscuro, casi negro). Si hubiésemos mantenido algunos de los nombres que ideamos inicialmente, como Eco-Choc o Bio-Choc, el mismo chocolate negro habría criado polvo en las estanterías de las tiendas, y muy pocas personas habrían descubierto su deliciosa caricia gustativa. Y por supuesto no habría escrito el prólogo de este libro.

Otro punto clave reside en que el chocolate de Green & Black's fue el primero con un 70 % de pasta de cacao disponible en Gran Bretaña. En el continente, los aficionados al chocolate ya disfrutaban desde hacía tiempo de la intensidad amarga del verdadero chocolate negro. En Gran Bretaña, el chocolate «negro» con que crecimos sólo contenía un 30 % de cacao. Pero desde que lanzamos Green & Black's, el chocolate con un 70 % de cacao se ha convertido en la cifra mágica citada por escritores culinarios y chefs de prestigio cuando publican una receta que emplea chocolate; simplemente, para los amantes del chocolate no hay nada mejor.

En los inicios de Green & Black's, publicamos un pequeño folleto de recetas de chefs importantes (de Launceston Place y de The Groucho Club), junto con tentaciones de nuestra muy añorada amiga Linda McCartney y otros que graciosamente compartieron sus deliciosas creaciones chocolateras con nosotros. Siempre soñamos que algún día publicaríamos nuestro propio libro de cocina con las últimas creaciones de recetas de chocolate, y aquí está. Caroline Jeremy ha realizado un magnífico trabajo al escribir este libro y recoger (y probar) las muchas recetas que, a lo largo de los años, nos han enviado los amantes de Green & Black's, y también ha persuadido a importantes cocineros y chefs, amantes de nuestro chocolate, para que revelen sus recetas secretas.

Confiamos en que las disfrutará al prepararlas, degustarlas y compartirlas. Sin ninguna culpa, naturalmente.

Josephine Fairley

INTRODUCCIÓN

Bautizado con el nombre de *Theobroma*, que significa «alimento de los dioses», el cacao es sin duda alguna uno de los alimentos más deseados y valiosos del mundo. Los puristas dirían que es mejor en forma de simple tableta, sin adulterarlo con ningún otro sabor. Nosotros creemos que puede ser excelente transformado en postre o pastel, o de forma más inesperada, como componente de un guiso o de una salchicha especiada.

No es un ingrediente fácil con el que crear algo nuevo o diferente, pero hemos investigado en nuestra biblioteca de recetas de chocolate, reunida a lo largo de más de trece años, y hemos elegido las mejores para este libro.

El chocolate puede sorprender incluso al más renombrado de los chefs, pero no es difícil de usar. Tenga paciencia y tómese su tiempo. Ante todo, con el chocolate no se debe trabajar con prisa.

Cualquier receta de este libro preparada con chocolate de calidad tendrá un sabor completamente diferente que si se realiza con un chocolate inferior, por lo que debe elegirlo con cuidado. En la mayoría de las recetas hemos empleado nuestro chocolate negro, que contiene un 70 % de cacao y muy poco azúcar. Es, generalmente, el mejor chocolate que puede emplearse para cocinar, debido a que los otros ingredientes no sobrepasan su intenso sabor. Evite el chocolate negro que cuente con menos del 60 % de cacao y no lleve vainilla natural. La vainillina, que es un aromatizante artificial, y la grasa vegetal, proporcionan al chocolate un sabor y una textura muy diferentes a los del chocolate que lleva vainilla natural y manteca de cacao.

Cuando se especifica que debe emplearse chocolate con leche, intente utilizar chocolate que tenga como mínimo un 34 % de cacao. El chocolate blanco sólo contiene manteca de cacao, no los sólidos oscuros de los granos. Si el chocolate blanco no declara su porcentaje de cacao, no contendrá manteca de cacao. Probablemente, tampoco llevará vainilla natural, que proporciona a nuestro chocolate su sabor único.

El cacao en polvo sin endulzar es el mejor para hornear.

COCINAR CON CHOCOLATE

• Guarde siempre el chocolate en un lugar seco y fresco, y no lo exponga a la luz directa. El chocolate expuesto a temperaturas extremas o a la luz presentará unas líneas de color blanco grisáceas. Estas líneas indican que la manteca de cacao del chocolate ha cambiado su estructura y ha cristalizado en la superficie. Esto no afecta a su sabor una vez derretido, así que podrá emplear el chocolate para cocinar.

• No almacene nunca el chocolate cerca de productos o alimentos que desprendan un fuerte aroma. El chocolate absorbe los olores con facilidad, por lo que pronto adquirirá otros sabores si se guarda cerca de alimentos aromáticos. Esto es especialmente cierto en el caso de la menta, los frutos cítricos, los perfumes y otros productos químicos, por lo que debe tener cuidado cuando lo transporte al comprarlo.

• Para derretir chocolate, rómpalo o trocéelo en trozos regulares con las manos o un cuchillo grande y afilado. Póngalo en un cuenco refractario suspendido sobre un cazo con agua que empiece a hervir. No deje que en-

Adicto al chocolate, s. 1. Alguien cuyo deseo por el chocolate es constante.
2. Persona que come chocolate compulsivamente.

tre dentro el vapor o que el agua esté en contacto directo con el chocolate y asegúrese de que el fondo del cuenco no toca el agua. Esto es especialmente importante si derrite chocolate blanco, muy sensible al sobrecalentamiento. Apague el fuego al cabo de 2 minutos y deje el cuenco sobre el cazo con agua caliente mientras el chocolate se derrite lentamente. Remueva suavemente cuando la mayor parte del chocolate se haya derretido y retire a continuación el cuenco del cazo.

• El chocolate también puede derretirse con facilidad en un cuenco dentro del microondas. Cueza a potencia media durante 1 minuto, dependiendo de la cantidad, en tandas de 30 segundos. Introduzca una cuchara en el chocolate para comprobar si se ha derretido; éste deberá mantener su forma a pesar de haberse derretido.

• El chocolate sobrecalentado puede «agarrarse» o espesarse y granularse, con lo que no podrá utilizarlo. Si esto ocurre, puede agregar una nuez de mantequilla o un poco de aceite vegetal y batirlo, aunque quizás no pueda recuperarlo si se ha sobrecalentado en exceso.

• El chocolate derretido deberá estar a la misma temperatura que la mezcla a la que vaya a añadirlo.

• No intente derretir chocolate añadiendo una preparación caliente al chocolate sólido o viceversa, a no ser que la receta lo indique. El resultado será una textura granulada.

• Derretir chocolate con líquidos es correcto si se indica en la receta, pero empiece derritiendo los ingredientes juntos, en vez de añadirlos una vez el chocolate haya empezado a derretirse, pues podría «agarrarse».

• Si debe rallar chocolate, coloque la tableta en la nevera toda la noche antes de rallarlo y asegúrese de tener las manos frías.

• El proceso de atemperar el chocolate, que describimos en detalle en la página 150, sólo es necesario si va a emplearlo para bañar o cubrir una preparación para una ocasión importante y quiere garantizar que se rompa de forma limpia y quede brillante. El atemperado o modificado del chocolate es un proceso complicado, pero puesto que las tabletas de chocolate ya lo están cuando las compra, puede utilizar en su lugar esta versión sencilla.

ATEMPERADO SENCILLO

Los cristales de grasa estables no se derriten hasta alcanzar los 34 ºC, por lo que, en teoría, si el chocolate no se calienta por encima de los 33 ºC, su estructura no se alterará. El truco consiste en apenas derretir el chocolate. Ralle el chocolate finamente para que se derrita rápida y uniformemente. Caliente agua en un cazo de fondo grueso hasta que hierva y retírelo entonces del fuego. Coloque el cuenco con el chocolate sobre el cazo y remueva suave pero constantemente, hasta que el chocolate se haya derretido. La temperatura para el chocolate negro, debe oscilar entre 32-33 ºC, y entre 31-32 ºC para el chocolate con leche y el blanco. Entonces, ya estará listo para usar.

Caroline Jeremy

Julio 2003

MÁGICO

El ingrediente mágico del chocolate procede del fruto que
crece del tronco de un árbol.

Dos recetas en una, o una hermosa variante sobre un tema. La gelatina de vino tinto constituye una sorpresa que puede servirse con el *clafoutis* de pera de color rojo oscuro o, por su cuenta, como final divertido de una comida ligera, rememorando así una infancia de gelatina y helados.

CLAFOUTIS CON CHOCOLATE
Y PERAS AL VINO TINTO

Tiempo de preparación: 25 minutos
Tiempo de cocción: 30 minutos
Tiempo de enfriado: escalfe las peras con 6 horas de antelación
si desea comer el *clafoutis* caliente con la gelatina de peras y vino tinto
Necesitará: 2 moldes para tarta Tatin o tarteras de unos 23 cm de diámetro y 3-4 cm de altura
Para 8 raciones

6 peras, maduras

75 cl de vino tinto

el zumo de 1 limón

225 g de azúcar blanquilla

2 hojas de gelatina

100 g de chocolate negro, como mínimo con un 60 % de cacao, troceado

75 g de mantequilla sin sal

110 g de harina con levadura incorporada

100 g de almendras molidas

una pizca de sal

2 huevos grandes

1 yema de huevo grande

175 ml de leche entera

crema acidificada, para acompañar

Pele las peras, pero deje los pedúnculos. Póngalas en una cacerola con el vino tinto, el zumo de limón y la mitad del azúcar. Lleve lentamente a ebullición, reduzca el fuego y escálfelas durante unos 10 minutos. Déles la vuelta en el líquido y déjelas que se enfríen dentro de la cacerola unas 2 horas.

Reserve el líquido para preparar la gelatina. Corte las peras por la mitad y retire el corazón cuidadosamente con un cuchillo.

Para la gelatina, recaliente el líquido de escalfado hasta que esté caliente, pero no agitándose o hirviendo. Retire del fuego y añada la gelatina. Remueva, vierta en un cuenco y refrigere 4 horas.

Precaliente el horno a 200 ºC.

Derrita el chocolate en un cuenco refractario colocado sobre un cazo con agua que haya empezado a hervir.

Derrita la mantequilla y pincele con ella el interior de los moldes y reserve el resto.

Tamice la harina en un cuenco y añada las almendras, el resto del azúcar y la sal. Bata juntos los huevos, la yema y la leche y agréguelos a los ingredientes secos, batiendo hasta que la mezcla quede homogénea. Incorpórele el chocolate derretido y el resto de la mantequilla y mezcle bien.

Divida la mezcla entre los dos moldes y luego coloque las mitades de pera con el extremo más fino dirigido hacia dentro, de modo que queden alternadas las peras cara arriba y cara abajo.

Hornee 20 minutos. Al introducir una broqueta en el centro de la preparación, ésta debe salir limpia; es importante que el *clafoutis* no esté del todo cuajado.

Sírvalo caliente o frío, acompañado de crema acidificada y la gelatina de vino tinto y pera.

SUGERENCIA: un vaciador de melón es perfecto para retirar el corazón de las peras.

MÁGICO

Launceston Place es un restaurante tranquilo y agradable escondido en Kensington, Londres. Sus responsables nos dieron esta receta a principios de 1990, cuando descubrieron el chocolate Green & Black's.

PASTEL DE CHOCOLATE
Y BAYAS

Tiempo de preparación: 25 minutos
Tiempo de cocción: 30 minutos
Necesitará: un molde para pastel de 18-20 cm de diámetro y 6 cm de altura
Para 6 raciones

PASTEL:

25 g de harina

5 cucharaditas de cacao en polvo

75 g de chocolate negro, como mínimo con un 60 % de cacao, troceado

25 g de mantequilla sin sal

5 cucharaditas de crema de leche espesa

4 claras de huevo

3 yemas de huevo

3 cucharadas de azúcar blanquilla

250 g de arándanos o frambuesas frescos

125 ml de crema de leche espesa, para acompañar

GLASEADO:

100 g de chocolate negro, como mínimo con un 60 % de cacao, troceado

50 g de mantequilla sin sal

3 cucharadas de crema de leche espesa

1 cucharadita de azúcar lustre

Precaliente el horno a 140º C. Engrase con mantequilla y forre el molde con papel sulfurizado.

Tamice juntos la harina y el cacao y resérvelos.

Derrita el chocolate en un cuenco refractario colocado sobre un cazo con agua que empiece a hervir. Retírelo del fuego, añada la mantequilla y la crema y remueva bien hasta que la mezcla esté casi líquida.

Bata las claras a punto de nieve, añádales el azúcar y continúe batiéndolas hasta que estén espesas y brillantes. Bata las yemas y mézclelas suavemente con la harina y el cacao. Agregue el chocolate derretido y mezcle bien. Reparta unos copos de clara batida sobre la mezcla, remueva e incorpore suavemente el resto de las claras.

Vierta cuidadosamente la mitad de la mezcla en el molde preparado, reparta por encima la mitad de las bayas y vierta el resto de la preparación.

Hornee 40-50 minutos, hasta que al insertar una broqueta en el centro del pastel, ésta salga limpia. Deje enfriar el pastel 5 minutos dentro del molde y desmóldelo sobre una rejilla metálica para que se enfríe.

Para el glaseado, derrita el chocolate en un cuenco refractario dispuesto sobre un cazo con agua que empiece a hervir. Retírelo del fuego, mézclelo con la mantequilla, la crema y el azúcar lustre. Viértalo enseguida sobre el pastel para cubrirlo por completo, alisando el glaseado con un cuchillo paleta. Déjelo cuajar 1 hora.

Sirva el pastel junto con la crema batida y el resto de las bayas.

SUGERENCIA: no refrigere este pastel una vez lo haya glaseado,
ya que perdería su brillo.

Gerard Coleman y Anne Weyns son los fundadores de L'Artisan du Chocolat, la tienda de chocolates más elegante de Londres. Esta receta, que agrega sal de roca al caramelo, refleja su maestría en el arte de buscar sabores inusuales que realcen el chocolate de calidad.

TARTA DE
CHOCOLATE Y CARAMELO SALADO

Tiempo de preparación: 1 hora
Tiempo de cocción: 25 minutos
Necesitará: una tartera de fondo desmontable de 29 cm de diámetro
Para 12-14 raciones

PASTA:

350 g de harina

75 g de azúcar lustre

125 g de mantequilla sin sal, fría

2 huevos

CARAMELO:

45 g de glucosa

275 g de azúcar

150 ml de crema de leche espesa

1 cucharadita rasa de sal gema refinada

25 g de mantequilla sin sal, a dados

GANACHE:

400 ml de crema de leche espesa

45 ml de miel

350 g de chocolate negro, como mínimo con un 60 % de cacao, picado

175 g de mantequilla sin sal, a dados

Para la pasta, tamice juntas la harina y el azúcar lustre y corte la mantequilla a dados. Ponga los ingredientes en un robot y accione el aparato, añadiendo los huevos al final, hasta que se forme la pasta. Extiéndala con un rodillo tras enharinar la superficie de trabajo, ya que puede pegarse con facilidad. Forre la tartera con la pasta y refrigere unos 30 minutos. Precaliente el horno a 180 °C.

Hornee la tarta a ciegas cubriéndola con papel sulfurizado y llenándola con legumbres. Cuézala unos 15-20 minutos. Retire las legumbres y el papel y continúe horneando la pasta otros 10 minutos o hasta que el centro esté de color ligeramente dorado. Retírela del fuego y déjela enfriar.

Para el caramelo, vierta la glucosa en un cazo hondo y llévela a ebullición. Añada el azúcar, mezcle gradualmente y continúe cociendo hasta que el azúcar empiece a caramelizarse y a adquirir un color dorado oscuro. Al mismo tiempo, ponga a hervir en otro cazo la crema con la sal. Retire el caramelo del fuego y añádale con mucho cuidado la crema; tenga mucho cuidado pues la mezcla subirá rápidamente en el cazo y puede causar quemaduras serias. Con una batidora manual, mezcle la preparación a fuego suave hasta que quede homogénea. Retírela del fuego, agregue la mantequilla a dados y remuévala antes de verter en el fondo de tarta enfriado.

Para la *ganache*, ponga a hervir la crema y la miel y viértalas sobre el chocolate picado. Mezcle con una espátula cuidadosamente, trabajando desde el centro hacia el exterior. Una vez la mezcla se haya enfriado un poco, añada la mantequilla a dados y remueva con cuidado hasta que se haya derretido. Vierta la *ganache* sobre el caramelo y déjela cuajar en un lugar frío unas 4-6 horas.

SUGERENCIA: esta pasta azucarada se encoge bastante, por lo que, cuando vaya a forrar el molde con ella, asegúrese de que cubre holgadamente las paredes del mismo.

La palabra española «bizcocho» y la italiana *biscotti* proceden de la voz latina *biscoctus*, que significa «cocido dos veces». En las cafeterías italianas se ven con frecuencia grandes frascos de *biscotti*, que a menudo llevan almendras o avellanas. Deben cortarse siempre en diagonal, con forma de media luna, y son perfectos para acompañar un licor o un postre de frutas.

BISCOTTI
DE CHOCOLATE MAYA

Tiempo de preparación: 20 minutos
Tiempo de cocción: 45 minutos
Para 12 raciones

200 g de harina

60 g de cacao en polvo

³/₄ de cucharadita de levadura en polvo

una pizca de sal

225 g de azúcar blanquilla

³/₄ de cucharada de café expreso molido

60 g de chocolate negro, como mínimo con un 60 % de cacao, picado

2 huevos medianos

1 yema mediana

³/₄ de cucharadita de extracto de vainilla

200 g de chocolate Maya Gold, u otro chocolate negro con naranja de calidad, troceado

Precaliente el horno a 180 °C. Forre una placa de hornear con papel sulfurizado.

Tamice juntos la harina, el cacao, la levadura en polvo, la sal y el azúcar blanquilla e introdúzcalos en el robot. Agregue el café molido y el chocolate negro. Accione el aparato hasta que la mezcla quede finamente molida. Bata juntos los huevos y la yema, agrégueles el extracto de vainilla e incorpórelos lentamente a la mezcla anterior, accionando el aparato hasta que la mezcla forme una bola.

Enharine ligeramente la superficie de trabajo y forme un rollo con la masa. Enharínelo, asegurándose de que está uniformemente recubierto. Póngalo sobre la placa. Hornee 25-30 minutos, retírelo del horno y reduzca la temperatura del mismo a 150 °C.

Retire el papel junto con el rollo y déjelo enfriar. Con ayuda de un cuchillo afilado, corte rodajas en diagonal de 1 cm de grosor. Colóquelas sobre la placa y hornee unos 30 minutos, hasta que estén firmes. Déjelas enfriar.

Derrita el chocolate en un cuenco refractario colocado sobre un cazo con agua que empiece a hervir. Sumerja un extremo de cada *biscotti* en el chocolate y colóquelo sobre una rejilla hasta que cuaje.

SUGERENCIA: puede utilizar cualquiera de sus chocolates favoritos para recubrir el *biscotti*.

Esta receta es un híbrido de dos de nuestras preparaciones favoritas. La *mousse* presenta un aspecto fantástico y es deliciosa, pero se tarda mucho tiempo en hacerla y se necesitan muchos cacharros, así que debe estar preparado: no es una receta para apresurados.

MOUSSE DE CHOCOLATE NEGRO Y BLANCO

CON COULIS DE BAYAS

Tiempo de preparación: 20 minutos para cada *mousse*
Tiempo de enfriado: 2 horas para la *mousse* negra y luego toda la noche para ambas *mousses*
Necesitará: un círculo metálico de 18 cm de diámetro
Para 8-10 raciones

MOUSSE DE CHOCOLATE NEGRO:

100 g de chocolate negro, como mínimo con un 60 % de cacao, troceado

40 g de azúcar lustre

80 g de mantequilla sin sal, ablandada

3 huevos grandes, separados

40 g de cacao en polvo

una pizca de sal

100 ml de crema de leche espesa

MOUSSE DE CHOCOLATE BLANCO:

200 g de chocolate blanco de calidad, troceado

2 hojas de gelatina

300 ml de crema de leche espesa

3 yemas de huevo grandes

125 g de azúcar lustre

2 cucharadas de agua

2 cucharadas de Grand Marnier

COULIS DE BAYAS:

225 g de fresas o frambuesas

40 g de azúcar lustre

PARA DECORAR:

4 cucharadas de cacao en polvo o

2 cajitas de frambuesas frescas

Para la *mousse* de chocolate negro, derrita el chocolate en un cuenco grande refractario colocado sobre un cazo con agua que empiece a hervir. Agregue el azúcar lustre y la mantequilla, remueva y, a continuación, incorpore las yemas de huevo, el cacao y la sal.

Bata las claras hasta que estén a punto de nieve. Bata aparte la crema de leche espesa y mézclela suavemente con las claras montadas alternando con la mezcla de chocolate. No mezcle en exceso, pero asegúrese de que la mezcla quede bien amalgamada.

Coloque el círculo metálico sobre una fuente de servicio redonda grande. Ponga la *mousse* en el molde y déjela enfriar unas 2 horas antes de preparar la *mousse* de chocolate blanco.

Para preparar la *mousse* de chocolate blanco, derrita el chocolate en un cuenco grande refractario dispuesto sobre un cazo con agua que empiece a hervir. Asegúrese de que el agua no toque la base del cuenco, ya que el chocolate blanco es especialmente sensible al sobrecalentamiento. Disuelva la gelatina en unas 4 cucharadas de la crema que habrá calentado en un cazo.

Bata las yemas y el azúcar lustre hasta que blanqueen y se espesen; incorpore el Grand Marnier, la mezcla de gelatina y crema y el chocolate derretido.

SUGERENCIA: esta *mousse* se debe refrigerar antes de servirse, especialmente durante un día caluroso, pero no añada el cacao en polvo y el *coulis* hasta el momento de servir.

Bata el resto de la crema hasta que se vea espesa y mézclela con la preparación de chocolate.

Vierta la *mousse* blanca sobre la negra, que habrá tenido toda la noche para enfriarse.

Para preparar el *coulis*, reduzca a puré las bayas (fresas o frambuesas) en la batidora y luego páselas a través de un tamiz dispuesto sobre un cuenco. Mezcle con azúcar lustre al gusto.

Para desmoldar las *mousses*, sumerja un cuchillo paleta en agua hirviendo, séquelo y páselo alrededor de las paredes internas del molde. Levante el círculo metálico cuidadosamente y alise las paredes de la *mousse* con el cuchillo paleta.

Para servir, tamice el cacao en polvo sobre la *mousse* para recubrirla, o bien reparta por encima frambuesas enteras. Vierta parte del *coulis* alrededor de la *mousse*, en el plato, y sirva el resto en una salsera o jarrita. Corte la *mousse* con un cuchillo paleta sumergido en agua caliente.

MÁGICO

Micah Carr-Hill tiene en Green & Black's el envidiable trabajo de catador de chocolate, y es el genio creativo que se esconde tras nuestros productos. Le gusta educar a sus compañeros en el arte de comer y llega a menudo al trabajo con algo delicioso para comer, desde carrilleras rellenas hasta tartas de crema portuguesas. Estas bolas de helado son una variante de una receta que creó para una de nuestras promociones de helados.

BOLAS DE HELADO Y
AVELLANAS FRITAS CON PASTA FILO

Tiempo de preparación: 30 minutos
Tiempo de congelación: 30 minutos
Tiempo de fritura: 90 segundos para 3 bolas
Necesitará: cuchara para hacer bolas de helado, placa antiadherente que quepa en el congelador, freidora o cazo hondo
Para 10 raciones

500 ml de helado de chocolate negro de calidad

1 paquete de pasta filo (30 láminas)

1 yema de huevo grande

100 ml de leche

1-2 l de aceite de girasol para freír

1 cucharadita de azúcar lustre

100 g de avellanas, picadas y tostadas

50 g de chocolate negro, como mínimo con un 60 % de cacao

Saque la terrina de helado de chocolate del congelador y deje que se ablande 10 minutos. Retire unas bolas con la cuchara especial sumergida antes en agua caliente y colóquelas en una placa antiadherente. Ponga la placa en el congelador una hora para que las bolas se endurezcan.

Mientras, prepare la pasta. Corte la pasta filo en cuadrados de 12 cm de lado (necesitará 30). Prepare un glaseado de huevo batiendo la yema con la leche y el azúcar lustre. Tome un cuadrado de pasta filo, pincélelo con el glaseado de huevo y esparza las avellanas por encima. Extienda un segundo cuadrado sobre el primero en sentido angular y repita el proceso de pincelado y espolvoreado. Repita la operación con un último cuadrado. Continúe hasta que tenga 10 capas triples de pasta filo glaseadas con el glaseado de huevo y espolvoreadas con las avellanas.

Precaliente un cazo de fondo grueso o una freidora, que rellenará hasta un tercio de su altura con aceite, a la temperatura de 180 °C.

Retire las bolas de helado del congelador y colóquelas en el centro de cada capa triple de pasta. Envuelva cuidadosamente la pasta filo alrededor de las bolas de helado procurando no romper la pasta. Si no va a freír las bolas directamente, guárdelas de nuevo en el congelador hasta que las necesite para que el helado no se derrita.

Sumerja las bolas envueltas con una espumadera en el aceite caliente (no más de tres a la vez para que el aceite no se enfríe demasiado) y fríalas hasta que estén doradas; tardará unos 90 segundos. Retírelas y escúrralas sobre papel de cocina para retirar el exceso de aceite. Sirva enseguida con virutas de chocolate negro.

SUGERENCIA: compre un termómetro de fritura (no son caros) para saber la temperatura del aceite.
Si el aceite se enfría demasiado, empapará la pasta filo y derretirá el helado,
en vez de crear una cobertura crujiente con bolsas de aire aislantes.

Un pastel para celebraciones. El que aparece en la imagen se preparó la vigilia de la sesión fotográfica, al darnos cuenta de que la portada del folleto de recetas que íbamos a publicar necesitaba una fotografía de un pastel alto. La base es la de nuestro pastel de *mousse* de chocolate negro y la cobertura corresponde a la receta de la terrina Taillevent, realizada en la década de 1980 en el gran restaurante parisino homónimo.

MARQUESA
DE CHOCOLATE

Tiempo de preparación: 50 minutos
Tiempo de cocción: 40 minutos
Tiempo de enfriado: 2 horas
Tiempo de refrigeración: toda la noche
Necesitará: un molde de base desmontable de paredes altas de 23 cm de diámetro
Para 15 raciones pequeñas, pero consistentes

BASE DEL PASTEL:

mantequilla derretida para engrasar

1 cucharada de almendras molidas, y un poco más para espolvorear el molde

300 g de chocolate negro, como mínimo con un 60 % de cacao (o 200 g de chocolate negro, como mínimo con un 60 % de cacao, y 100 g de chocolate Maya Gold o chocolate negro con naranja de calidad), troceado

275 g de azúcar blanquilla

165 g de mantequilla sin sal

una pizca de sal marina

5 huevos grandes

MOUSSE:

250 g de chocolate negro, como mínimo con un 60 % de cacao, troceado

100 g de azúcar lustre

175 g de mantequilla sin sal

5 huevos grandes, separados

150 ml de crema de leche espesa

cacao en polvo, para espolvorear

Precaliente el horno a 180 °C. Pincele el molde con mantequilla derretida y espolvoréelo con las almendras molidas, sacudiendo el exceso.

Para preparar el pastel, derrita en un cuenco refractario dispuesto sobre un cazo con agua que empiece a hervir el chocolate con el azúcar blanquilla, la mantequilla y la sal.

Bata los huevos con las almendras molidas y mézclelos con la preparación anterior fuera del fuego. Continúe mezclando hasta que la preparación se espese. Viértala en el molde y hornee 35-40 minutos. Deje enfriar en el molde unas 2 horas antes de empezar la *mousse*.

Para preparar la *mousse*, derrita el chocolate en un cuenco grande refractario dispuesto sobre un cazo con agua que empiece a hervir. Retírelo del fuego y añada la mitad del azúcar lustre, remueva y bata con la mantequilla. Incorpore, batiendo, las yemas de huevo de una en una y reserve esta preparación.

Bata las claras de huevo hasta que estén a punto de nieve. Incorpóreles el resto del azúcar lustre y continúe batiéndolas hasta que queden brillantes. Monte la crema de leche hasta que forme picos blandos.

Agregue un tercio de las claras batidas a la mezcla de chocolate, incorporándolas con cuidado. Añada el resto suavemente, alternando con la crema montada. No mezcle en exceso, pero asegúrese de que la mezcla está bien ligada. Vierta la *mousse* sobre la base fría del pastel y refrigere toda la noche.

Retire el molde de la nevera unos 15 minutos antes de servir. Sumerja un cuchillo paleta en agua caliente y séquelo. Deslícelo alrededor de las paredes del molde para separarlas del mismo y retire el aro externo. Recaliente el cuchillo paleta en agua hirviendo, séquelo y alise suavemente las paredes de la *mousse*.

Ponga el pastel, dispuesto aún sobre la base del molde, en una fuente de servicio redonda grande. Espolvoree generosamente con cacao en polvo justo antes de servir. Acompañe con crema acidificada o una crema (*véase* pág. 61).

MÁGICO

Nigella Lawson es una célebre escritora sobre temas culinarios. Este pastel es una de aquellas recetas que sus admiradores siempre mencionan; además resulta increíblemente fácil de preparar y nunca falla. Es el compañero perfecto para el chocolate Maya Gold, especialmente en Navidad, época en que las clementinas están en su mejor punto.

PASTEL DE CLEMENTINAS
DE NIGELLA

Tiempo de preparación: 15 minutos
Tiempo de cocción: 2 horas para cocer las clementinas, 1 hora para hornear el pastel
Necesitará: un molde de base desmontable de 20 cm de diámetro

4-5 clementinas, con la piel, en total 375 g

mantequilla derretida, para engrasar

6 huevos grandes

225 g de azúcar

250 g de almendras molidas

1 cucharadita colmada de levadura en polvo

100 g de chocolate Maya Gold u otro chocolate negro con naranja de calidad

Ponga las clementinas en un cazo, cúbralas con agua fría, lleve a ebullición y cuézalas luego a fuego lento unas 2 horas. Escúrralas y déjelas enfriar. Córtelas por la mitad y retire las pepitas. Ponga la pulpa, la piel, las membranas, es decir toda la fruta, en el robot.

Precaliente el horno a 190 °C. Engrase con mantequilla y forre el molde del pastel con papel sulfurizado.

Bata los huevos. Agregue el azúcar, las almendras y la levadura en polvo. Mezcle bien, incorpore las clementinas reducidas a pulpa y mezcle. Vierta la mezcla en el molde y hornee 1 hora o hasta que al insertar una broqueta en el centro del pastel, ésta salga limpia. Cubra el pastel con papel de aluminio o sulfurizado al cabo de unos 40 minutos para evitar que la superficie se queme. Retírelo del horno y ralle enseguida el chocolate sobre su superficie mientras todavía esté en el molde. Déjelo enfriar por completo. Retírelo del molde y guárdelo en un recipiente hermético.

SUGERENCIA: no sirva este pastel caliente. Debe degustarse frío: sólo entonces su textura será jugosa y los sabores de las almendras y las clementinas se habrán amalgamado.
Es preferible servirlo un día después de su elaboración.

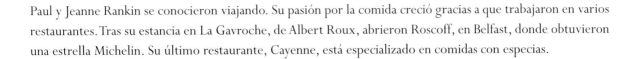

Paul y Jeanne Rankin se conocieron viajando. Su pasión por la comida creció gracias a que trabajaron en varios restaurantes. Tras su estancia en La Gavroche, de Albert Roux, abrieron Roscoff, en Belfast, donde obtuvieron una estrella Michelin. Su último restaurante, Cayenne, está especializado en comidas con especias.

PASTEL DE QUESO, CHOCOLATE BLANCO Y AVELLANAS

CON SALSA DE NARANJA AL CARAMELO

Tiempo de preparación: 1 hora
Tiempo de cocción: 1^1/$_2$ horas
Tiempo de enfriado: como mínimo 3 horas o toda la noche
Necesitará: un molde de base desmontable de 23 cm de diámetro
Para 10-12 raciones

BASE:

150 g de galletas de mantequilla

1 cucharada de azúcar

3 cucharadas de mantequilla sin sal, derretida

RELLENO:

75 g de avellanas

75 g de azúcar

1 kg de queso crema

4 huevos grandes

1 yema de huevo grande

1 vaina de vainilla, partida por la mitad a lo largo
o 1 cucharadita de extracto de vainilla

1 cucharada de Amaretto (licor de almendras)

una pizca de nuez moscada rallada

300 g de chocolate blanco de calidad, troceado

azúcar lustre para espolvorear

SALSA DE NARANJA AL CARAMELO:

500 ml de zumo de naranja

40 g de azúcar

1^1/$_2$ cucharaditas de arruruz

2 cucharadas de Grand Marnier

Precaliente el horno a 200 ºC.

Para preparar la base, muela las galletas finas en el robot o batidora. Mézclelas con el azúcar y la mantequilla derretida. Presione la mezcla contra la base del molde.

Para preparar el relleno, tueste las avellanas en una placa de hornear sin grasa 10-15 minutos, luego frote sus pieles. Reduzca la temperatura del horno a 150 ºC. Ponga el azúcar con 2 cucharadas de agua en un cazo y caliente suavemente para disolverlo; luego hiérvalo hasta que alcance un color de caramelo oscuro. Coloque las avellanas en una placa aceitada y vierta encima el caramelo. Déjelo endurecer y a continuación trocéelo y muélalo en el robot. Resérvelo.

Ponga el queso crema en el robot y bátalo hasta que quede homogéneo; incorpore los huevos, la yema, las semillas raspadas de la vaina de vainilla o el extracto de vainilla, el Amaretto y la nuez moscada. Bata hasta que la mezcla quede homogénea. Derrita el chocolate blanco en un cuenco refractario dispuesto sobre un cazo con agua que empiece a hervir; asegúrese de que el agua no toca la base del cuenco. Agregue el chocolate derretido a la mezcla y, finalmente, las avellanas molidas. Vierta la mezcla sobre la base y hornee 1^1/$_2$ horas o hasta que esté ligeramente cuajada. Apague el horno y déjela enfriar y cuajar. Retire el molde del horno y espolvoree la superficie con azúcar lustre.

Para la salsa de naranja al caramelo, ponga el zumo de naranja en un cazo y deje que hierva para reducirlo a un tercio. Ponga el azúcar con 1 cucharada de agua en un cazo y caliente suavemente para disolverlo; lleve a ebullición y hierva hasta que alcance un color dorado. Reduzca el fuego, vierta el zumo sobre el caramelo y cueza lentamente hasta que se disuelva. Mezcle el arruruz con un poco de agua para obtener una pasta lisa y mézclela con el caramelo de naranja hasta espesarla. Tamícela y mezcle con el licor. Deje enfriar.

MÁGICO

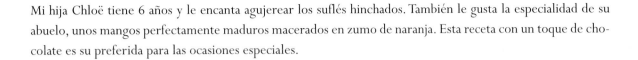

Mi hija Chloë tiene 6 años y le encanta agujerear los suflés hinchados. También le gusta la especialidad de su abuelo, unos mangos perfectamente maduros macerados en zumo de naranja. Esta receta con un toque de chocolate es su preferida para las ocasiones especiales.

SUFLÉS

DE MANGO, NARANJA Y LIMÓN

Tiempo de preparación: 1 hora 20 minutos
Tiempo de cocción: 10 minutos
Necesitará: 8 moldes refractarios individuales tipo *ramekin*
Para 8 raciones

255 g de rodajas de mango en conserva

125 g de mangos secos

75 ml de zumo de naranja recién exprimido

la cáscara finamente rallada de 2 limones

45 g de mantequilla derretida, para pincelar los moldes

150 g de chocolate negro, como mínimo con un 60 % de cacao, finamente rallado

250 ml de leche entera

60 g de mantequilla sin sal

3 cucharadas de harina

6 huevos grandes, separados

100 g de azúcar blanquilla

Coloque las rodajas de mango sobre un tamiz dispuesto sobre un cazo para que se escurran. Agregue los mangos secos al líquido del cazo. Caliente a fuego lento y cueza hasta que los mangos estén tiernos y la mayor parte del líquido se haya absorbido.

Ponga el contenido del cazo y los mangos en conserva reservados junto al zumo de naranja recién exprimido en el robot o la batidora y bata hasta obtener un puré homogéneo. Mézclelo con la cáscara de limón y deje enfriar a temperatura ambiente.

Precaliente el horno a 200 ºC.

Pincele los interiores de los moldes con la mantequilla derretida y espolvoréeelos luego con el chocolate rallado; gírelos para que todas las paredes queden perfectamente recubiertas con una capa espesa de chocolate. Deje caer el exceso y resérvelo para espolvorear los suflés una vez terminados. Coloque los moldes sobre la placa del horno.

Caliente la leche en un cazo pequeño. Derrita la mantequilla en una cacerola, retírela del fuego y mézclela con la harina. Devuélvala al fuego lento y cueza, removiendo, durante unos minutos. Cuando el *roux* empiece a formar espuma, mézclelo gradualmente con la leche. Cueza a fuego moderado unos minutos hasta que la preparación se espese. Retírela del fuego y déjela enfriar antes de incorporar las yemas, una a una. Déjela enfriar por completo y luego mézclela con el puré de naranja y mango.

Bata las claras hasta que estén a punto de nieve. Incorpóreles gradualmente el azúcar sin dejar de batir, hasta que el merengue quede firme. Agregue una cucharada colmada del mismo a la mezcla de mango para aligerarla, y luego mézclela con el resto de las claras.

Rellene con la mezcla los moldes y hornee 8-10 minutos. No llene los moldes en exceso, pues la preparación podría derramarse. Tampoco debe abrir la puerta del horno; si éste no dispone de luz, mire por la puerta entreabierta procurando que no entre demasiado aire en el horno. Los suflés subirán mucho.

Retire con cuidado los suflés del horno y con el chocolate reservado espolvoree la superficie. Con ayuda de una espátula, traslade los moldes a los platos de postre y sírvalos antes de que bajen.

BRILLANTE

La Asociación de Cultivadores de Cacao de Toledo es una cooperativa formada por 172 granjeros que practican una agricultura de subsistenc
La mayoría son mayas y cultivan cacao para nosotros en Belice. El contrato de comercio justo
y el mejor precio que obtienen por su cacao orgánico les asegura un futuro económico estable.

No tema, al igual que muchas técnicas pasteleras, este pastel es increíblemente fácil de preparar una vez se sabe cómo hacerlo, y siempre resulta espectacular y sorprendente, incluso aunque no sea un experto con la manga pastelera. Se trata de un pastel alto, de tres capas, que cuando se corta en porciones muestra un diseño de tablero de damas a base de chocolate y vainilla.

TABLERO DE DAMAS

Tiempo de preparación: 20 minutos
Tiempo de cocción: 20 minutos
Necesitará: 3 moldes para pastel de 3 x 20 x 20 cm, 2 mangas pasteleras provistas de boquillas lisas o rizadas de 2,5 cm
Para 8-10 raciones

MASA DE VAINILLA:

225 g de mantequilla sin sal

225 g de azúcar blanquilla

4 huevos grandes

1 cucharadita de extracto de vainilla

250 g de harina

10 g de levadura en polvo

MASA DE CHOCOLATE:

225 g de mantequilla sin sal

225 g de azúcar blanquilla

4 huevos grandes

220 g de harina

50 g de cacao en polvo

10 g de levadura en polvo

ALMÍBAR DE AZÚCAR:

250 g de azúcar granulado

300 ml de agua

1 cucharada de ron

2 cucharadas de confitura de albaricoque

GANACHE:

150 g de chocolate negro, como mínimo con un 60 % de cacao, troceado

150 ml de crema de leche espesa

Precaliente el horno a 190 °C.

Engrase con mantequilla los moldes y forre las bases con papel sulfurizado. Engrase a continuación el papel.

Empiece preparando el almíbar de azúcar. Ponga el azúcar y el agua en un cazo y lleve a ebullición sin remover; deje que hierva hasta que empiece a espesarse. Retire del fuego y añada el ron. Reserve.

Para la masa de vainilla, bata la mantequilla y el azúcar.

Agregue los huevos uno a uno, mezclando bien, y luego incorpore el extracto de vainilla.

Tamice juntas la harina y la levadura y agréguelas a la mezcla anterior removiendo. Resérvela mientras prepara la segunda tanda.

Para la masa de chocolate, bata la mantequilla con el azúcar. Agregue los huevos uno a uno, mezclando bien.

Tamice juntos la harina, el cacao y la levadura en polvo y añádalos a la mezcla anterior removiendo bien. La mezcla quedará bastante espesa.

Asegure las boquillas en las mangas. Vierta la mezcla de vainilla en una manga y la de chocolate en la otra.

SUGERENCIA: este pastel todavía queda mejor si pica una tableta de chocolate como nuestro chocolate con leche y almendras en trocitos pequeños y los esparce por encima.

Empezando por la masa de vainilla, extienda un anillo de ésta alrededor del borde de un molde. Luego extienda un anillo de masa de chocolate al lado del de vainilla. Continúe alternando anillos de masa de vainilla y chocolate. Debe obtener 6 anillos de masas alternas, con el central de chocolate. Llene el segundo molde de la misma forma.

Llene el tercer molde empezando por un anillo de chocolate y terminando con uno de vainilla.

Golpee la base de los moldes para eliminar las bolsas de aire antes de introducirlos en el horno. Hornee 20 minutos.

Retire los moldes del horno y desmolde los pasteles al cabo de 5 minutos, para que se enfríen ligeramente. Vuélquelos sobre una rejilla metálica y pincele la base con el almíbar de azúcar. Deje enfriar.

Derrita el chocolate en un cuenco refractario dispuesto sobre un cazo con agua que empiece a hervir. Reserve.

Bata la crema hasta que forme picos blandos, vierta el chocolate caliente por encima en forma de chorro continuo y prosiga batiendo la crema hasta que el chocolate quede incorporado.

Una vez frío, coloque uno de los pasteles con el borde externo de vainilla en una fuente de servicio, úntelo con la confitura de albaricoque y coloque sobre él otro pastel con el borde externo de chocolate; cúbralo otra vez con confitura de albaricoque y coloque otro pastel encima.

Con ayuda de un cuchillo paleta, extienda la *ganache* sobre las paredes y la parte superior del pastel para recubrirlo por completo.

A Amanda Allen siempre le ha gustado probar recetas de libros de cocina antiguos, y ha encontrado algunas combinaciones sorprendentes en la cocina medieval. Esta receta es una adaptación de la del libro de Valentina Harris, *Regional Italian Cookery*. Si le gusta el sabor a caza, le encantará este plato, inventado para la boda de Catalina de Médicis a principios del siglo XVI y que resulta muy representativo de los sabores de aquella época.

LIEBRE

AGRIDULCE A LA TOSCANA

Tiempo de preparación: 30 minutos
Tiempo de cocción: 2 horas
Para 4-6 raciones

1 liebre grande

5 dientes de ajo

2 ramitas de romero

5 cucharadas de aceite de oliva virgen extra

2 cebollas, picadas

2 zanahorias, picadas

1 bulbo de hinojo, picado

un puñado de perejil

un puñado de albahaca

3 hojas de laurel

6 hojas de salvia

300 ml de vino chianti

600 ml de caldo de caza

110 g de piñones

50 g de sultanas

50 g de pieles de frutas confitadas

1 cucharada de azúcar granulado

3 almendrados, molidos

50 g de chocolate negro, como mínimo con un 60 % de cacao

3 cucharadas de vinagre de vino tinto

Cuartee la liebre. Pele y pique el ajo. Fría brevemente la liebre y la mitad del ajo y el romero en dos cucharadas de aceite en una cazuela. Retire la liebre con una espumadera, tire el ajo y el romero y reserve la liebre.

Caliente el resto del aceite en otra cacerola y fría las cebollas, las zanahorias, el hinojo y las hierbas y el resto del ajo durante 10 minutos.

Agregue la liebre a las hortalizas y las hierbas, y dórela uniformemente; vierta el vino y caliente unos minutos. Vierta el caldo, tape y cueza a fuego lento durante una hora y media.

Mezcle en un cazo los piñones, las sultanas, las pieles confitadas, el azúcar, los almendrados, el chocolate y 8 cucharadas de agua. Caliente 10 minutos a fuego lento, retire del fuego y añada el vinagre. Vierta sobre la liebre, remueva y cueza otros 10 minutos.

SUGERENCIA: es preferible dejar reposar este plato toda la noche y recalentarlo al día siguiente; así dará tiempo a los sabores a amalgamarse y desarrollarse.

Las erupciones de chocolate fue uno de los platos originales que el Club Groucho nos proporcionó hace unos años. El Club Groucho es un bar-restaurante exclusivo para socios, situado en el West End de Londres. Esta preparación es muy popular entre artistas, escritores y periodistas.

ERUPCIONES
DE CHOCOLATE

Tiempo de congelación: 9 horas
Tiempo de preparación: 1 hora
Tiempo de cocción: 25-30 minutos
Necesitará: 1 cuenco mediano, 1 placa para hornear que quepa en el congelador y 4 anillos metálicos de 6,5 cm de diámetro
Para 4 raciones

SALSA:

40 g de chocolate con leche, preferentemente con el 34 % de cacao, troceado

50 ml de crema de leche espesa

1 cucharada de agua

10 g de mantequilla sin sal

MASA:

mantequilla para engrasar

115 g de chocolate negro, como mínimo con un 60 % de cacao, troceado

50 g de mantequilla sin sal

100 g de azúcar blanquilla

2 huevos grandes, separados y a temperatura ambiente

40 g de harina de arroz

40 g de almendras molidas

Derrita los ingredientes de la salsa en un cazo a fuego lento.

Viértalos en un recipiente apto para introducirse en el congelador, de forma que la mezcla alcance sólo 15 mm de altura. Congele unas 6 horas o hasta que se solidifique.

Pincele una placa para hornear y los anillos metálicos con la mantequilla derretida.

Derrita el chocolate en un cuenco refractario dispuesto sobre un cazo que contenga agua que empiece a hervir.

Bata juntos la mantequilla y el azúcar hasta que la mezcla quede espesa y cremosa; luego añada las yemas batiéndolas con la mezcla.

Incorpore la harina de arroz y las almendras y mezcle con el chocolate derretido. Bata las claras hasta que estén a punto de nieve y añádalas progresivamente a la mezcla.

Coloque los anillos sobre la placa y llénelos con una cucharada de la mezcla anterior hasta alcanzar un cuarto de la altura del anillo.

Retire la salsa congelada del congelador. Con un cortapastas metálico pequeño, corte círculos de 2,5 cm de diámetro de la salsa congelada y colóquelos en el centro de cada anillo. Cubra con el resto de la mezcla hasta alcanzar el borde del anillo y alise la superficie con un cuchillo paleta. Congele 3 horas como mínimo.

Precaliente el horno a 180 ºC. Retire la placa del congelador y póngala directamente en el horno. Hornee entre 25 y 30 minutos.

Deje enfriar la placa 5 minutos antes de volcar los moldes, empujando con cuidado desde su base.

Sirva las erupciones de chocolate calientes, en platos individuales.

SUGERENCIA: espolvoree con azúcar lustre, gajos de naranja o crema acidificada. Planifique la receta con antelación y podrá espolvorearla con piel de naranja cristalizada reducida a polvo. Encontrará la receta en la página 181.

BRILLANTE

Deliciosa como relleno de crepes, como salsa caliente para un helado o sobre tostadas para el desayuno, esta sofisticada receta constituye también un presente encantador.

CREMA

DE PERA Y CHOCOLATE

Tiempo de preparación: 20 minutos
Tiempo de enfriado: toda la noche
Tiempo de cocción: 40 minutos-1 hora
Necesitará: una cacerola de fondo grueso, 2-3 frascos de confitura de 340 g, círculos de papel encerado
Para 840 g

1,3 kg de peras William, maduras pero firmes

750 g de azúcar granulado

el zumo de 1 naranja grande

el zumo de 1 limón

250 g de chocolate negro, como mínimo con un 60 % de cacao, picado

Pele las peras, cuartéelas y retire el corazón. En una cacerola de fondo grueso, mezcle el azúcar con los zumos de naranja y limón, añada las peras y mezcle con cuidado.

Caliente la mezcla justo por debajo del punto de ebullición, retírela del fuego y póngala en un cuenco. Añada el chocolate picado y mezcle hasta que éste se haya derretido. Cubra el cuenco con papel sulfurizado, deje enfriar y refrigere o deje en un lugar fresco toda la noche.

Vierta de nuevo la preparación en una cacerola de fondo grueso, lleve a ebullición y deje cocer de 40 minutos a 1 hora o hasta que alcance los 105 ºC en un termómetro de azúcar. (Si no tiene uno, ponga un poco de la mezcla en un plato frío. Si se vuelve espesa y gelatinosa estará lista.)

Mientras, lave los frascos y sus tapas correspondientes en agua jabonosa y enjuáguelos a fondo. Esterilícelos sumergiéndolos por completo en agua hirviendo durante 10 minutos. También puede esterilizar los frascos lavándolos en el lavavajillas.

Reparta la crema de pera y chocolate en los frascos hasta llegar a 1 cm del borde. Cubra con un círculo de papel y cierre enseguida.

SUGERENCIA: esta crema puede guardarse hasta tres meses, pero una vez abierta, refrigérela.

En Lighthouse Bakery, de Battersea, en el sudoeste de Londres, se preparan panes y pasteles originarios de Gran Bretaña, europeos y americanos. Elizabeth Weisberg y Rachel Duffield siguen métodos tradicionales, modelando las masas a mano y fermentándolas largo tiempo para que desarrollen todo su sabor. Sólo preparan este pan de chocolate los viernes, y venden panecillos de chocolate en forma de corazón el día de san Valentín.

PAN DE CHOCOLATE
DE LIGHTHOUSE

Tiempo de preparación: 30 minutos
Tiempo de levado: 3 horas
Tiempo de cocción: 40 minutos
Necesitará: 1 placa de hornear grande
Para 2 panes pequeños ovalados

20 g de levadura de panadero fresca o 2$\frac{1}{2}$ cucharaditas de levadura de panadero seca granulada

325 ml de agua caliente

125 g de azúcar blanquilla

1 yema de huevo grande

25 g de mantequilla sin sal, ablandada

600 g de harina de fuerza blanca, no blanqueada artificialmente

10 g de sal

30 g de cacao en polvo

250 g de chocolate negro, como mínimo con un 60 % de cacao, groseramente picado

1 yema de huevo, para glasear

Mezcle en un cuenco la levadura, el agua y una pizca generosa de azúcar y deje reposar 5-10 minutos, hasta que la mezcla forme burbujas. Añada los huevos y la mantequilla.

Si utiliza una batidora o un robot eléctrico, coloque el resto de los ingredientes en el cuenco y mezcle lentamente con la pala 1 minuto para que se combinen. Agregue la mezcla de levadura y mezcle bien con las varillas. Coloque a continuación las varillas para amasar y mezcle primero a velocidad lenta y luego a media velocidad hasta que la masa quede ho-

mogénea y elástica; necesitará unos 4 minutos en total. Añádale un poco de agua si quedara demasiado seca.

Si trabaja a mano, mezcle los ingredientes secos en un cuenco y amalgámelos brevemente con una cuchara. Agregue luego los ingredientes secos a la mezcla de levadura en tres tandas, removiendo bien con una cuchara entre cada adición. Añada, por último, los trozos de chocolate. Amase la mezcla sobre la superficie de trabajo ligeramente enharinada, 8-10 minutos, hasta que quede homogénea y elástica. Añada un poco más de agua si quedara demasiado seca.

Coloque la masa sobre un cuenco ligeramente aceitado, tápela con película de plástico y déjela levar unas 2 horas en un lugar cálido, alejada de las corrientes de aire.

Vuelque la masa sobre la superficie de trabajo ligeramente enharinada y aplástela. Divídala en dos partes iguales y modele cada una en una forma ovalada. Coloque ambas sobre una placa de hornear forrada con papel sulfurizado engrasado, cubra con un paño limpio y deje levar 1 hora o hasta que haya duplicado su tamaño.

Precaliente el horno a 220 °C.

Bata el huevo con un tenedor y pincele la superficie de los panes. Hornéelos sobre la placa de hornear 15 minutos. Reduzca la temperatura del horno a 190 °C y cueza 25 minutos. Vigile los panes durante los últimos 5 minutos para que no se quemen. Déjelos enfriar sobre una rejilla.

SUGERENCIA: para preparar los panecillos en forma de corazón, extienda la masa formando unas tiras de unos 3 cm de diámetro por 37 de longitud. Modélela en forma de corazón y haga un pequeño corte con unas tijeras en la parte superior del corazón y las curvas internas de la forma antes de hornear. Vigile la cocción, pues el pan de chocolate puede arruinarse fácilmente si se hornea demasiado tiempo.

BRILLANTE

El cacao es el tercer producto alimentario más valioso en el mundo, tras el azúcar y el café. Como resultado de las presiones de los mercados internacionales para producir chocolate en grandes cantidades, existe una amplia variedad de habas de cacao, y dependiendo de ésta, del lugar donde se cultivan y cómo se procesan, dan lugar a diferentes sabores.

Las habas de cacao son clasificadas como finas o a granel. Las finas derivan de las dos mejores variedades, Criolla y Trinitario. Las habas a granel proceden, generalmente, de la variedad Forastero.

El fruto del árbol del cacao es una cápsula de forma ovalada del tamaño de una pelota de rugby que puede llegar a pesar 1 kg. Cuando está madura, esta cápsula puede presentar diferentes colores: rojo, verde, naranja o púrpura.

La voz «cacao» deriva del nombre del árbol del cacao, *Theobroma cacao*, y se usa para designar las bayas o habas fermentadas y secadas.

Anne-Marie Graepel nos envió la receta de este delicioso postre. Su madre lo preparaba durante las restricciones que imperaron tras la guerra. Se trata de un exquisito postre de chocolate que resulta fácil de preparar con los ingredientes que se suelen tener en la despensa. La masa puede refrigerarse hasta tres días.

TORTITAS
DE CHOCOLATE

Tiempo de preparación: 30 minutos
Tiempo de reposo: 2 horas
Tiempo de cocción: 40 minutos
Necesitará: una sartén para crepes de fondo grueso de 19 cm de diámetro,
una fuente redonda refractaria de 19-20 cm de diámetro y unos 4-5 cm de altura
Para 6-8 raciones

MASA:

150 g de harina blanca

una pizca de sal

50 g de azúcar blanquilla

3 huevos grandes

500 ml de leche

la cáscara de 1 naranja

100 g de mantequilla sin sal, derretida

mantequilla o aceite para engrasar

RELLENO:

300 g de pasas o sultanas

1 cucharada de Cointreau

1 cucharada de agua

2 cucharadas colmadas de cacao en polvo

5 cucharadas colmadas de azúcar blanquilla

285 g de confitura de albaricoque

50 g de mantequilla sin sal

200 ml de crema de leche ligera

Remoje las pasas o sultanas en el Cointreau y el agua. Tamice la harina y la sal sobre un cuenco y haga un hueco en el centro. Bata juntos los huevos, la leche y la cáscara de naranja y mezcle con la mantequilla derretida. Viértalos en el hueco y, con ayuda de unas varillas, incorpore lentamente la harina al líquido batiendo hasta que la preparación quede de homogénea y aterciopelada. Viértala en una jarra y refrigérela 1-2 horas.

Antes de cocinar las tortitas, bata de nuevo la masa suavemente. Debe tener la consistencia de la crema de leche espesa; si es demasiado espesa, añada un poco de leche. Engrase la sartén con un poco de mantequilla o aceite y colóquela a fuego medio. Tan pronto como la mantequilla empiece a burbujear, vierta un cucharón de la masa. Repártala por el fondo de la sartén y vierta el exceso en la jarra. Es posible que tenga que tirar la primera tortita. Una vez tenga un bonito color en la parte inferior, déle la vuelta con un cuchillo paleta. Necesitará aceitar la sartén después de cocer 2 o 3 tortitas. Apílelas sin doblar en una fuente.

Precaliente el horno a 180 °C. Engrase con mantequilla una fuente refractaria.

Para preparar las capas, mezcle el cacao con el azúcar. Monte 4 capas de tortitas en la fuente, espolvoreando cada una con $^1/_2$ cucharada de la mezcla de chocolate y azúcar y 1 cucharadita de las sultanas y pasas remojadas.

Extienda cada quinta capa con confitura de albaricoque en vez de la mezcla de cacao y pasas remojadas. Deberá preparar 4 capas una vez haya completado la pila.

Cuando haya colocado la última tortita, espolvoréela con la mezcla de azúcar y cacao y cúbrala con unos copos de mantequilla. Pinche la pila con un tenedor y, justo antes de introducirla en el horno, vierta la crema por encima.

Hornee 15 minutos, hasta que la capa superior esté bien dorada. Sirva enseguida, y corte las porciones con un cuchillo afilado.

Nora Carey empezó a apasionarse por el mundo de las conservas cuando trabajaba en Londres en la serie culinaria de Time Life *Good Cook* (*La gran cocina*, Salvat). A lo largo de su carrera culinaria, ha trabajado con sir Terence Conran en Butler's Wharf, Londres, y en Disneyland, París. Su libro, *Perfect Preserves*, es de lectura obligada para cualquier hortelano que desee cocinar y está repleto de recetas para preparar conservas y utilizarlas.

SUFLÉS

DE CASTAÑAS Y CHOCOLATE

Tiempo de preparación: 2 horas, incluido el tiempo de enfriado
Tiempo de cocción: 12 minutos
Necesitará: 8 moldes individuales refractarios (*ramekins*)
Para 8 raciones

400 g de azúcar moreno

100 ml de agua

400 g de castañas preparadas, peladas y cocidas en agua (mejor en cristal que en lata)

1 vaina de vainilla, partida por la mitad a lo largo

75 ml de brandy

124 g de azúcar blanquilla

400 g de castañas en conserva, en jarabe de vainilla

200 g de chocolate negro, como mínimo con un 60 % de cacao, troceado

250 ml de leche entera

60 g de mantequilla sin sal

3 cucharadas de harina

6 huevos grandes, separados

azúcar lustre, para espolvorear

Caliente el azúcar moreno con el agua a fuego lento hasta que empiece a hervir; agregue las castañas peladas y la vainilla. Lleve de nuevo a ebullición y hierva unos 3 minutos. Deje enfriar 1 hora, aproximadamente, luego mezcle con el brandy. Tape con película de plástico y reserve hasta que lo vaya a emplear.

Precaliente el horno a 200 °C. Pincele los moldes con mantequilla derretida y espolvoree con el azúcar. Corte las castañas preparadas por la mitad y repártalas entre los moldes.

Para preparar el suflé, coloque el chocolate y la leche en un cazo pequeño a fuego lento y mezcle sin cesar hasta que el chocolate se derrita. Deshaga en un cazo grande la mantequilla, mézclala con la harina y cueza removiendo a fuego lento durante 2 minutos. Cuando el *roux* empiece a formarse, bata gradualmente con la mezcla de chocolate. Cueza a fuego moderado, removiendo unos minutos hasta que se haya espesado. Retire del fuego y deje enfriar. Bata la mezcla con las yemas, de una en una.

Bata las claras hasta que estén a punto de nieve. Bátalas gradualmente con el resto de azúcar blanquilla hasta que el merengue se vea firme.

Mezcle una cucharada generosa del merengue con la preparación de chocolate para aligerarla y luego agregue cuidadosamente la mezcla de chocolate al resto del merengue.

Llene los moldes con la preparación y hornee 8-10 minutos. No lo haga en exceso, pues ésta se derramaría fuera de los moldes. Recuerde también que no debe abrir la puerta del horno; si éste no tiene luz, ábralo ligeramente sin dejar que entre mucho aire dentro. Los suflés subirán de forma espectacular. Espolvoréelos con azúcar lustre y sírvalos enseguida antes de que bajen.

SUGERENCIA: si va a preparar sus propias castañas, asegúrese de que pertenecen a la variedad *Castanea sativa*, que forman unas espinas más blandas que las no comestibles. Si va a asarlas, practique un corte en forma de «x» en la cara plana antes de asarlas para evitar que exploten.

Lorna Wing es la reina del cátering creativo de Gran Bretaña, y la primera que preparó canapés con pescaditos y patatas fritas dentro de papelinas realizadas con *The Financial Times*. Ésta es su versión del pastel Sacher, que apareció en nuestro primer folleto del año 1993. Ha pasado la prueba del tiempo y es el más rico que hemos probado. También mejora al cabo de una semana si se conserva en un recipiente hermético.

PASTEL SACHER
DE LORNA WING

Tiempo de preparación: 15 minutos
Tiempo de cocción: 1 hora
Necesitará: un molde de base desmontable de 23 cm de diámetro
Para 10 raciones

PASTEL:

mantequilla derretida, para engrasar

200 g de chocolate negro, como mínimo con un 60 % de cacao, troceado

6 huevos

310 g de azúcar granulado

150 g de almendras molidas

1 $^{1}/_{2}$ cucharaditas de café, finamente molido

6 cucharadas de confitura de albaricoque

GLASEADO:

100 g de chocolate negro, como mínimo con un 60 % de cacao, troceado

40 g de mantequilla sin sal

Precaliente el horno a 180 ºC. Pincele el molde con mantequilla derretida y fórrelo con papel sulfurizado.

Para el pastel, derrita el chocolate en un cuenco refractario dispuesto sobre un cazo con agua que empiece a hervir. Separe 5 huevos y bata las yemas, el huevo entero y el azúcar hasta que la mezcla espese y quede cremosa.

Bata en otro cuenco las claras a punto de nieve.

Agregue las almendras molidas, el café molido y el chocolate derretido a la mezcla de yemas y remueva bien. Incorpore suavemente las claras batidas y viértalo todo en el molde preparado.

Hornee 1 hora, cubriendo el pastel con papel de aluminio al cabo de 40 minutos para evitar que la superficie se queme. Compruebe que al insertar una broqueta en el centro, ésta salga limpia. Retire el pastel del horno. Abra el clip del molde y deje el pastel sobre su base enfriándose sobre una rejilla metálica.

Derrita la confitura de albaricoque a fuego lento y pincele la superficie del pastel ya frío con ella.

Para preparar el glaseado, derrita el chocolate en un cuenco refractario dispuesto sobre un cazo con agua que empiece a hervir. Añada a continuación la mantequilla y remueva hasta que la mezcla tenga la consistencia de una crema que pueda verterse. Vierta el glaseado sobre el pastel alisando la superficie y los lados con el dorso de una cucharilla. Deje cuajar el glaseado.

SUGERENCIA: realice un diseño de anillos sobre la superficie y las paredes del pastel con el dorso de una cucharilla y luego escriba «Sacher», al estilo tradicional.

Esta receta procede de Elisabeth Luard, cuyo artículo sobre el chocolate la hizo irresistible y nos recuerda que la carne de venado se beneficia de un adobo agridulce y una cocción lenta y delicada. Las salsas agridulces se originaron en tiempos de los antiguos romanos, época en que la miel, el vino dulce, las frutas secas, el vinagre y las especias se empleaban para enmascarar sabores desagradables de la carne, que no siempre era fresca, y también para contrarrestar los efectos de su salado.

VENADO AGRIDULCE
A LA ITALIANA

Tiempo de preparación: 40 minutos
Tiempo de adobo: 12 horas mínimo
Tiempo de cocción: 2 horas
Para 6 raciones

1,5 kg de venado (pierna o paletilla), cortado a dados o a tiras largas

ADOBO:

400 ml de vino tinto

3 cucharadas de vinagre de vino tinto

3 cucharadas de aceite de oliva

1 zanahoria, picada

1 cebolla grande, a rodajas

1 tallo de apio, incluidas las hojas, picado

3 dientes de ajo, picados

una ramita de romero

una ramita de tomillo

4 hojas de salvia

3 hojas de laurel

1 cucharadita de bayas de enebro, aplastadas

$^1/_2$ cucharadita de pimienta negra en grano, aplastada

CACEROLA:

3 cucharadas de aceite de oliva

100 g de panceta, a dados

1 cebolla mediana, a rodajas muy finas

1 cucharada de harina

1 cucharada de pasas

1 cucharadita de canela molida

$^1/_2$ cucharadita de nuez moscada rallada

sal y pimienta

1-2 cucharadas de piñones

2-3 pastillas de chocolate negro, como mínimo con un 60 % de cacao

Ponga todos los ingredientes del adobo en un cuenco grande y mezcle bien. Agregue el venado preparado y mezcle, deje enfriar toda la noche o preferentemente dos días.

Retire la carne del adobo y séquela con papel de cocina. Filtre el adobo y reserve.

Precaliente el horno a 150 °C.

Caliente el aceite en una cacerola y sofría suavemente la panceta hasta que suelte su grasa y se dore un poco. Retírela y resérvela. Dore en el mismo aceite la carne de venado por tandas, evitando que la cacerola quede demasiado llena. Retírela y resérvela. Agregue la cebolla, sazone ligeramente y cuézala hasta que esté blanda. Espolvoréela con la harina y mézclela hasta que absorba casi toda la grasa; vaya removiendo para incorporar los residuos caramelizados. Agregue el adobo reservado y las pasas, lleve a ebullición, baje el fuego y remueva hasta que la salsa se espese y no huela a alcohol.

Devuelva la panceta y la carne a la cacerola y deje hervir la salsa; añada las especias, la sal y la pimienta.

Tape y hornee 1 hora 30 minutos, hasta que la carne esté lo suficientemente blanda para cortarla con una cuchara. Añada un poco de agua caliente si parece que se seca demasiado.

Tueste los piñones en una sartén a fuego lento.

Cuando la carne esté tierna, mézclela con el chocolate negro y deje que la salsa hierva de nuevo hasta que esté brillante y espesa.

BRILLANTE

Si le gusta el *stollen,* le encantará esta versión de chocolate creada por Liz Usher, quien trató en vano de encontrar una receta del mismo a base de chocolate y decidió crear una para nuestro concurso nacional. Esta receta compitió con la finalista, las salchichas chilenas de cerdo orgánico y chocolate, de la página 91.

STOLLEN
MAYA GOLD

Tiempo de remojo: 12 horas
Tiempo de preparación: 30 minutos
Tiempo de levado: 30 minutos
Tiempo de cocción: 35 minutos
Necesitará: una fuente para hornear de 30 x 19 cm
Para 10 raciones

75 g de frutas secas variadas, picadas

25 g de pieles de frutas confitadas, picadas

65 ml de ron añejo

la cáscara y el zumo de 1 naranja

100 g de chocolate negro Maya Gold, u otro chocolate negro con naranja de calidad

50 g de cerezas confitadas

MASA:

375 g de harina de fuerza blanca

25 g de cacao en polvo

$^1/_4$ de cucharadita de sal

$^1/_2$ cucharadita de nuez moscada rallada

1 cucharadita de mezcla de especias

2 cucharaditas de levadura de panadero seca

150 ml de leche

125 g de mantequilla sin sal

50 g de azúcar blanquilla dorado

2 huevos medianos

MAZAPÁN DE CACAO:

100 g de almendras molidas

75 g de azúcar lustre

25 g de cacao en polvo

DECORACIÓN:

40 g de azúcar lustre

25 g de cacao en polvo

Mezcle la fruta seca y confitada con la mitad del ron, la cáscara y el zumo de naranja. Deje en remojo toda la noche.

Pique groseramente el chocolate en trozos pequeños y cuartee las cerezas. Mézclelas con las frutas remojadas.

Para la masa, mezcle la harina con el cacao, la sal, la nuez moscada, la mezcla de especias y la levadura.

Mezcle la leche y 75 g de mantequilla, añada azúcar hasta que ésta se disuelva y deje enfriar. Separe un huevo, reservando la clara. Bata la yema con los huevos restantes y luego mezcle con la preparación de leche ya enfriada. Haga un hueco en el centro de los ingredientes secos, vierta el líquido y mezcle bien.

Vuelque la mezcla y amásela ligeramente sobre la superficie de trabajo enharinada. Colóquela en un cuenco, tápela con película de plástico y déjela levar en un lugar caliente 30 minutos mientras prepara el mazapán.

Forre la fuente con papel sulfurizado.

SUGERENCIA: si le gusta que el *stollen* presente una costra blanda, coloque una fuente con agua en el fondo del horno cuando lo vaya a hornear. El vapor que produzca evitará que la costra se endurezca.

Precaliente el horno a 190 °C.

Para el mazapán, mezcle las almendras molidas, el azúcar lustre y el cacao con la clara reservada. Amase ligeramente hasta que obtenga una bola manejable. Extiéndala formando un rectángulo de la longitud de la fuente.

Derrita juntos la mantequilla restante con el ron.

Vuelque la masa sobre la superficie de trabajo ligeramente enharinada. Amásela y extiéndala formando un rectángulo de unos 5 mm de grosor.

Pincele la masa con un poco de la mezcla de mantequilla y ron. Coloque la mitad de la mezcla de frutas sobre los dos tercios superiores de la masa, luego doble el tercio inferior, dos tercios sobre el rectángulo, y doble hacia abajo el tercio superior por encima. Selle los bordes con el rodillo. Dé la vuelta a la preparación en el sentido de las agujas del reloj, de forma que el extremo situado a la derecha esté ahora abajo, luego extienda por encima el rodillo formando un rectángulo. Pincele de nuevo con la mantequilla y el ron y cubra los dos tercios superiores con el resto de la mezcla de frutas, doble, selle y extienda de nuevo. No dé la vuelta ahora.

Ponga el mazapán en el centro de la masa, doble hacia dentro los dos lados, únalos y coloque la preparación con el punto de unión hacia abajo en la fuente preparada. Pincele la superficie con la mantequilla y el ron y hornee 35 minutos.

Tan pronto como retire el *stollen* del horno, pincélelo con el resto de la mezcla de ron y mantequilla y espolvoree con azúcar lustre. Deje enfriar, espolvoree con el cacao en polvo.

FONDANT

Una vez recolectados, los frutos se cortan cuidadosamente con un machete para revelar las 45 habas rodeadas de una pulpa blanca gelatinosa. Las habas y la pulpa se retiran a mano.

Esta exquisita tarta, presentada por Suzanne Peacock, ganó el primer premio en el concurso patrocinado por la revista *Country Living*, consistente en un curso de cocina realizado en una granja en Umbria, Italia.

TARTA DE LIMÓN
CON BASE DE CHOCOLATE

Tiempo de preparación: 40 minutos
Tiempo de enfriado: 3 horas, como mínimo
Tiempo de cocción: 35 minutos
Necesitará: una tartera de 23 cm de diámetro de base desmontable
Para 6 raciones

PASTA:

175 g de harina

25 g de cacao

una pizca de sal

25 g de azúcar lustre

125 g de mantequilla sin sal, fría y a dados

1 yema de huevo grande

2 cucharadas de agua fría

RELLENO:

75 g de chocolate negro, como mínimo con un 60 % de cacao, rallado

3 limones jugosos, ecológicos

150 g de azúcar blanquilla

4 huevos grandes

150 ml de crema de leche espesa

azúcar lustre para espolvorear

Para la pasta, tamice juntos la harina, el cacao, la sal y el azúcar lustre. Mezcle la mantequilla con la preparación anterior en el robot o con las yemas hasta que tenga el aspecto de migas finas.

Mezcle yema con el agua, y agréguela a la mezcla para preparar la pasta. Puede que necesite un poco más de agua.

Forme una bola con la masa, envuélvala en papel sulfurizado y refrigérela 1 hora.

Extienda la pasta con el rodillo trabajando desde el centro y en el sentido más alejado a usted, luego de nuevo hacia el centro y hacia usted, utilizando su peso para aplastarla, pero evitando que se rasgue. Forre la tartera con la pasta.

Pinche la pasta con un tenedor en diferentes sitios y déjela enfriar 2 horas como mínimo o toda la noche.

Precaliente el horno a 200 °C.

Forre la tartera con papel de aluminio y legumbres o pesos para hornear y durante 15 minutos hornee el fondo de pasta a ciegas. Retire el papel y las legumbres y hornee otros 5 minutos. (No la cueza demasiado, pues la pasta de chocolate podría adquirir un sabor amargo.) Retire el molde del horno y reduzca la temperatura a 170 °C.

Mientras la pasta todavía esté caliente, reparta el chocolate rallado de forma homogénea sobre la base y deje enfriar.

Para preparar el relleno, ralle finamente la cáscara de los limones en un cuenco. Exprima y tamice el zumo de limón y agréguelo a la cáscara junto con el azúcar. Bata hasta que el azúcar se haya disuelto, luego incorpore batiendo los huevos y la crema hasta que la mezcla quede homogénea.

Vierta el relleno en el fondo de pasta frío y devuélvalo con cuidado al horno. Hornee 30-35 minutos, hasta que haya cuajado. Retire la tarta del horno y déjela enfriar por completo sobre una rejilla metálica antes de desmoldarla.

Espolvoree con azúcar lustre antes de servir.

SUGERENCIA: para preparar la pasta, utilice un rodillo pesado, pues son los mejores para trabajar sin esfuerzo.

FONDANT

La pulpa que protege las habas de color remolacha, rosado o blanco, que se encuentran dentro del fruto, se coloca en cajas de madera forradas con hojas de plátano, se cubre con más hojas de plátano y se deja fermentar durante 5 días.

Con la fermentación se rompen los azúcares de las habas, mientras que otros componentes y enzimas reaccionan juntos para producir los precursores de los primeros sabores del chocolate.

Las habas a granel no fermentadas se utilizan a veces en las mezclas de chocolates económicos, cuyo discreto sabor puede disfrazarse con las posteriores técnicas de procesamiento.

Margaret Iveson es una adicta al chocolate, al igual que gran parte de su familia y amigos. Por lo que respecta a los pasteles de chocolate, declara que éste es uno de los más satisfactorios y que resulta perfecto para los días de descanso, como los domingos.

PASTEL DE CHOCOLATE
DEL DOMINGO

Tiempo de preparación: 30 minutos
Tiempo de horneado: 25 minutos
Necesitará: 2 moldes para pastel de 20 cm de diámetro

200 g de harina

4 cucharadas de cacao en polvo

2 cucharaditas de levadura en polvo

1 cucharadita de bicarbonato sódico

1 cucharadita de zumo de limón

200 ml de leche

100 g de mantequilla sin sal, ablandada

175 g de azúcar blanquilla

2 huevos grandes, batidos

$^1/_2$ cucharadita de extracto de vainilla

ALMÍBAR:

4 cucharadas de confitura de albaricoque

2 cucharadas de zumo de limón

1 cucharada de kirsch

RELLENO DE CREMA DE MANTEQUILLA:

100 g de chocolate negro, como mínimo con un 60 % de cacao

50 g de mantequilla sin sal

100 g de azúcar lustre

1 yema de huevo grande

GLASEADO:

50 g de chocolate negro, como mínimo con un 60 % de cacao

25 g de mantequilla sin sal

1 cucharada de ron

Precaliente el horno a 190 °C. Engrase con mantequilla y enharine los moldes.

Tamice juntos la harina, el cacao, la levadura en polvo y el bicarbonato sódico tres veces.

Mezcle el zumo de limón con la leche para cuajarla.

Bata en un cuenco grande la mantequilla ablandada con el azúcar hasta que la mezcla quede esponjosa. Incorpore batiendo un poco de huevo, luego otro poco de la mezcla de harina, y más tarde un poco más de leche y zumo de limón. Continúe trabajando de esta forma, batiendo vigorosamente entre cada adición, hasta que la masa quede bastante espesa (no le añada toda la leche si le parece que está demasiado líquida). Finalmente, añada el extracto de vainilla.

Divida la masa entre los dos moldes y hornee 20-25 minutos, hasta que quede esponjosa al tacto. Deje reposar los bizcochos en los moldes unos minutos y luego vuélquelos sobre una rejilla metálica para que se enfríen, de forma que la parte superior quede hacia abajo. Pinche con cuidado las bases.

Para preparar el almíbar, cueza a fuego lento la confitura con el zumo de limón y el kirsch y viértala homogéneamente sobre los pasteles fríos.

Para el relleno de crema de mantequilla, derrita el chocolate en un cuenco refractario dispuesto sobre un cazo con agua que empiece a hervir y déjelo entibiar. Mientras, bata la mantequilla con el azúcar lustre. Incorpore batiendo las yemas y luego el chocolate, y extienda esta crema sobre las superficies de los bizcochos y únalos.

Para el glaseado, derrita el chocolate como en el paso anterior, bátalo con la mantequilla, y luego con el ron, y continúe batiendo hasta que quede brillante. Déjelo enfriar antes de verterlo sobre la superficie del pastel. Déjelo cuajar.

FONDANT

La única bebida indicada para un caluroso día veraniego: disfrútela y relájese. El café helado es perfecto también como postre tras una barbacoa o una comida al aire libre.

MOCA

HELADO

Tiempo de preparación: 15-20 minutos
Tiempo de reposo: 8 horas como mínimo, o hasta 1 semana
Tiempo de refrigeración: 2 horas
Para 6 vasos altos

200 g de cerezas frescas

300 ml de brandy u oporto

1 l de café de filtro fuerte recién preparado

8 cucharadas de chocolate en polvo caliente de calidad

6 cucharadas de azúcar moreno claro

500 ml de helado de chocolate negro

500 ml de helado de vainilla

250 ml de crema de leche espesa

cacao en polvo o chocolate negro para espolvorear

Macere las cerezas en el brandy o el oporto toda la noche o hasta 1 semana, en la nevera.

Prepare el café, y mientras todavía esté caliente, mézclelo con el chocolate caliente y azúcar al gusto. Recuerde que no debe preparar el café demasiado dulce, pues el helado ya lleva azúcar.

Deje la preparación en la nevera hasta que esté muy fría. Retire el helado del congelador y déjelo ablandar 10 minutos. Vierta el moca en seis vasos altos, pero llene sólo tres cuartas partes, para dejar sitio a 2 bolas de helado.

Deje caer 3 o 4 cerezas maceradas en cada vaso y con una cuchara para helados coloque con cuidado 1 bola de helado de vainilla sobre el vaso, y luego 1 de chocolate encima. No manipule demasiado el helado para no ensuciar el color de la preparación. Vierta 1-2 cucharadas de crema de leche espesa por encima y espolvoree con copos de chocolate negro. Sirva enseguida.

SUGERENCIA: puede utilizar el café de filtro que le haya sobrado, pero si se ha enfriado, no lo recaliente.
Vierta un poco de agua caliente sobre el chocolate en polvo antes de añadirlo al café.
Si el día es muy caluroso, agregue unos cubitos de hielo al vaso antes de incorporar el helado.

Sylvia Sacco preparó este tiramisú para la fiesta final del rodaje de la película de Gilly Booth titulada *One Dau Trois 123*, en la que Sylvia actuaba como protagonista. Con esta receta, que Sylvia obtuvo de su madre, Sonia Nicastro, el exhausto equipo cinematográfico parecía no tener suficiente y enseguida se pensó en esta receta para este libro.

TIRAMISÚ
DE SYLVIA

Tiempo de preparación: 25 minutos
Tiempo de enfriado: 2 horas como mínimo o toda la noche
Necesitará: una fuente de servicio de unos 23 cm de diámetro y 7 cm de altura
Para 6 raciones

200 g de bizcochos de soletilla

350 ml de café expreso o fuerte de filtro

4 cucharadas de Grand Marnier o Marsala

4 huevos, separados

125 g de azúcar granulado

400 g de queso mascarpone

una pizca de sal

2 cucharadas de cacao en polvo

Trocee los bizcochos en dos o tres trozos y forre con ellos la mitad el fondo de una fuente de servicio. Vierta la mitad del café por encima y rocíe con la mitad del licor.

Bata juntas las yemas y el azúcar hasta que la mezcla quede espesa y cremosa; añada el mascarpone y mezcle bien hasta que esté homogénea y espesa. Bata las claras a punto de nieve y agrégueles una pizca de sal. Incorpore cuidadosamente las claras a la mezcla de queso y huevo.

Reparta la mitad de la mezcla sobre los bizcochos. Coloque el resto por encima, vierta el resto del café y del licor. Cubra con la mezcla de queso restante. Tamice el cacao en polvo por encima.

Cubra con película de plástico y refrigere 2 horas o, preferiblemente, toda la noche.

SUGERENCIA: el tiramisú se sirve tradicionalmente en una fuente de cristal, pero ¿por qué no innovar utilizando una de barro? También queda estupendo en una fuente antigua de porcelana.

Deryl Rennie ideó este *cake* para poder disfrutar a la vez de sus dos sabores favoritos. Los trozos de chocolate se sumergen en la masa de forma que quedan en el fondo del pastel, mientras que el limón le aporta un toque ácido.

PASTEL CON TROZOS DE CHOCOLATE
Y GLASEADO DE LIMÓN

Tiempo de preparación: 15 minutos
Tiempo de cocción: 40 minutos
Necesitará: un molde para pan o *cake* de 12 x 19 cm
Para 10 raciones

MASA:

125 g de mantequilla

125 g de azúcar blanquilla

2 huevos grandes

150 g de harina con levadura incorporada

1 cucharadita de levadura en polvo

la cáscara rallada de 1 limón grande

1 cucharada de leche

75 g de chocolate negro, como mínimo con un 60 % de cacao, picado

GLASEADO DE LIMÓN:

50 g de azúcar dorado granulado

el zumo de 1 limón

Precaliente el horno a 180 °C. Forre el molde con papel sulfurizado.

Bata la mantequilla con el azúcar, los huevos, la harina, la levadura en polvo y la cáscara de limón durante unos 2 minutos. Incorpore la leche batiendo hasta obtener una consistencia de vertido. Mezcle con el chocolate.

Vierta la mezcla en el molde preparado, alise la superficie y hornee 40 minutos o hasta que al tocar el centro suavemente, éste vuelva a su posición inicial. Retire del horno.

Mezcle el azúcar dorado con el zumo de limón y viértalo sobre el pastel, todavía caliente, en el molde. Practique unos agujeros sobre su superficie con una broqueta fina si el glaseado se queda sobre la superficie.

Retire el pastel del molde junto con el papel y colóquelo en una rejilla para que se enfríe.

SUGERENCIA: si utiliza chocolate rallado, éste formará unas vetas en la preparación.

Una forma recomendable de servir este sorbete consiste en acompañarlo con una copa de licor de café, que puede verterse por encima o beberse por separado. Queda perfecto con una crema inglesa, unos melocotones maduros, naranjas, nectarinas o albaricoques y unas pastas de mantequilla o tejas.

SORBETE
DE CHOCOLATE

Tiempo de preparación: 15 minutos
Tiempo de congelación: 3-4 horas
Necesitará: una heladora
Para 4 raciones

100 g de chocolate negro, como mínimo con un 60 % de cacao, troceado

100 ml de agua

60 g de cacao en polvo

ALMÍBAR DE AZÚCAR:

250 ml de agua

150 g de azúcar blanquilla

Para preparar el almíbar, ponga el azúcar y el agua en un cazo y lleve a ebullición sin remover; deje burbujear la mezcla unos 5 minutos o hasta que el azúcar se haya disuelto. Retire el cazo del fuego.

Mientras el azúcar burbujea, derrita el chocolate en un cuenco refractario dispuesto sobre un cazo con agua que empieza a hervir. Una vez se haya derretido, añada 100 ml de agua al almíbar de azúcar y caliente de nuevo. Incorpore batiendo el cacao y luego el chocolate derretido hasta que la mezcla quede homogénea.

Hiele la preparación en la heladora siguiendo las instrucciones del fabricante.

SUGERENCIA: es una buena idea enfriar la preparación antes de batirla, ya que le facilitará la tarea.
Para ello, colóquela sobre un cuenco con agua y cubitos de hielo y
remueva de vez en cuando, pero no deje que entre agua en el cuenco.

FONDANT

Para obtener un helado casero tan bueno como el comercial, el truco consiste en el batido y enfriado, así como en los ingredientes. Es vital disponer de una heladora para obtener una textura espesa y cremosa, así como emplear los mejores huevos y productos lácteos.

HELADO

Tiempo de preparación: 15 minutos
Tiempo de refrigeración: 10-20 minutos
Necesitará: una heladora
Para 6 raciones

250 ml de leche entera

250 ml de crema de leche espesa

1 vaina de vainilla

3 yemas de huevo grandes

100 g de azúcar blanquilla

Vierta la leche y la crema en una cacerola de fondo grueso. Parta la vaina de vainilla por la mitad a lo largo, raspe las se-millas y añádalas junto con la vaina a la cacerola. Lleve a ebullición, retire del fuego, tape y deje en infusión 15 mi-nutos. Filtre el líquido.

Bata las yemas con el azúcar hasta que la mezcla esté espesa y cremosa. Continúe batiendo a medida que vierte un poco de la mezcla de leche y crema, y luego incorpore el resto sin dejar de batir, hasta que todo esté bien mezclado. Deje cocer a fuego medio, removiendo a menudo con una cucha-ra de madera. Cueza hasta que la mezcla se haya espesado y cubra el dorso de la cuchara. A continuación, puede prepa-rar una receta de entre las siguientes.

HELADO DE CHOCOLATE, AVELLANAS Y PASAS

100 g de chocolate negro, como mínimo con un 60 % de cacao, troceado

100 g de chocolate de avellanas y pasas, u otro chocolate de frutos secos de calidad, finamente picado

Derrita el chocolate negro en un cuenco refractario dispues-to sobre un cazo con agua que empieza a hervir y mézclelo cuidadosamente con la crema anterior.

Transfiera la mezcla a un cuenco metálico y dispóngalo so-bre un lecho de hielo con un poco de agua para que se en-fríe. Remueva de vez en cuando para que no se forme una película en la superficie.

Una vez la mezcla esté fría, transfiérala a la heladora y siga las instrucciones del fabricante. Agregue los trozos picados del chocolate de avellanas y pasas antes de que la crema haya cuajado.

HELADO DE CARAMELO

100 g de chocolate al caramelo u otro chocolate aromatizado, cortado en trozos medianos

Retire la crema del fuego y transfiérala a un cuenco metáli-co; dispóngalo sobre un lecho de hielo y un poco de agua para que se enfríe. Remueva de vez en cuando para que no se forme una película en la superficie y añada los trozos de chocolate al caramelo. Transfiera la preparación a la helado-ra y siga las instrucciones del fabricante.

SALSAS

SALSA DE CARAMELO

100 g de chocolate al caramelo, troceado

1 cucharada de crema de leche o leche

Derrita el chocolate en un cuenco refractario dispuesto sobre un cazo con agua que empiece a hervir. Retire del fuego y mezcle con la crema o la leche. Deje enfriar unos pocos minutos y vierta sobre el pastel o utilice como salsa para un helado.

SALSA DE CHOCOLATE SENCILLA

100 g de chocolate negro, como mínimo con un 60 % de cacao, picado

125 ml de crema de leche espesa o para batir

10 g de mantequilla sin sal

Derrita el chocolate con la crema en un cuenco refractario dispuesto sobre un cazo con agua que empiece a hervir; remueva a menudo. Una vez el chocolate se haya derretido, añada la mantequilla y mezcle hasta que ésta también se derrita. Sirva caliente.

SALSA DE DULCE DE CHOCOLATE DE ALISTAIR LITTLE

125 ml de crema de leche espesa

140 g de azúcar granulado

25 g de mantequilla sin sal

75 ml de jarabe de melaza dorado (Golden Syrup)

75 ml de leche

$^1/_2$ cucharadita de esencia de vainilla

100 g de chocolate negro, como mínimo con un 60 % de cacao, troceado

Ponga todos los ingredientes, menos el chocolate, en un cazo de fondo grueso dispuesto a fuego moderado, y remueva hasta que la mezcla adquiera un color caramelo claro. Necesitará 10-15 minutos tras alcanzar una ebullición lenta. Retire el cazo del fuego e incorpore batiendo los trozos de chocolate. Mezcle con 35 ml de agua fría. Si la mezcla todavía está demasiado espesa, continúe añadiendo agua, de cucharada en cucharada, hasta que alcance una consistencia de vertido. Sirva enseguida la salsa o guárdela al baño María hasta el momento de utilizarla.

CREMA

1 vaina de vainilla

300 ml de leche entera

2 yemas de huevo grandes (3 si desea una salsa muy espesa)

1 cucharada colmada de azúcar blanquilla

Parta la vaina de vainilla por la mitad a lo largo, raspe las semillas y póngalas en un cazo junto con la leche. Lleve a ebu-

llición, retire del fuego y deje en infusión 15 minutos. Bata juntas en un cuenco las yemas y el azúcar hasta que la mezcla quede espesa y cremosa. Retire la vaina de vainilla y recaliente la leche hasta que empiece a hervir; luego viértala sin dejar de batir sobre la mezcla de yemas. Devuelva la mezcla al cazo y caliéntela poco a poco y sin dejar de remover a fuego lento hasta que la salsa empiece a espesarse y deje el rastro de su dedo o de un cuchillo al dejarla caer sobre el dorso de una cuchara. Retire la crema del fuego y viértala en un cuenco. Sírvala fría o caliente.

CREMA A LA MENTA

Prepare la receta como la anterior, pero sustituya la vaina de vainilla por una cucharada de menta picada. Añada licor de crema de menta al gusto una vez la crema se haya enfriado un poco.

PARA CHUPARSE LOS DEDOS

Puesto que la única escuela secundaria se encuentra lejos de Punta Gorda, muchos niños campesinos viven con familias que habitan cerca de la escuela. Sin el dinero adicional generado por el cacao orgánico del comercio justo, sus padres no podrían costear su estancia y el autobús semanal.

PARA CHUPARSE LOS DEDOS

Ésta es una receta para alimentar a hordas de niños, un postre que gusta a todos y, como se sirve en cucuruchos, no es necesario limpiar los platos. Hágalo aún más apetitoso llenando el fondo del cucurucho con una sorpresa, como, por ejemplo, dulces de gelatina, pastillas de chocolate, bolitas de chocolate plateadas o cualquier otro dulce de chocolate. No les tiente diciéndoles que el cucurucho lleva una sorpresa, pues podrían empezar por el final y usted acabaría preguntándose por qué no lo ha servido en cuencos.

HELADO CON FRUTAS
Y SORPRESA

Tiempo de preparación: 15 minutos
Necesitará: una calza metálica para mantener los cucuruchos

barritas de chocolate con leche, para recubrir los cucuruchos

frutos secos picados o bolas de plata o granillo de colores, para recubrir los cucuruchos

cucuruchos de calidad para contener el helado

helado de chocolate y vainilla

ESCOJA ENTRE:

melón, cortado en rodajas altas

plátanos, cortados por la mitad

piña, cortada en trozos largos altos

pitahaya, cuarteada, con la piel

kiwi, cortado a lo largo

su elección de dulces de chocolate para poner en el fondo del cucurucho

chocolate en polvo para beber, para decorar

Retire el helado del congelador y déjelo ablandar 10 minutos. Derrita el chocolate en un cuenco refractario dispuesto sobre un cazo con agua que empiece a hervir.

Sumerja la base de los cucuruchos en el chocolate derretido y luego en los frutos secos picados, granillo, etc. Deje reposar los cucuruchos sobre una calza para que la cobertura cuaje.

Llene los cucuruchos con unos pocos dulces. Ponga el helado ablandado a un lado del cucurucho y luego coloque la fruta al otro extremo para que sobresalga por encima. Ponga más helado en el cucurucho para mantener la fruta en su sitio, y luego espolvoree con el chocolate en polvo.

SUGERENCIA: puede hacer aún más tentador este postre si pone
en el cucurucho una barrita de chocolate con caramelo.

Bea Hovell tiene siete años y le encanta hornear. Suele preparar estas galletas rellenas de confitura, pero ha descubierto que nuestra crema de chocolate puede ser un compañero perfecto para ellas. Recuerde que la crema de chocolate lleva avellanas, por lo que debe tener cuidado en caso de que padezca alergias.

LAS GALLETAS

DE BEA

Tiempo de preparación: 20 minutos
Tiempo de reposo: 1 hora
Tiempo de cocción: 10-12 minutos
Para 18-24 galletas

175 g de mantequilla sin sal, ablandada

175 g de azúcar

1 huevo grande

125 g de harina con levadura incorporada

175 g de harina común

200 g de crema de chocolate y avellanas

Forre una placa de hornear con papel sulfurizado.

Bata la mantequilla y el azúcar con la batidora eléctrica hasta que la mezcla quede esponjosa. Agregue el huevo y mezcle bien. Añada ambas harinas hasta obtener una masa. Déjela reposar 1 hora.

Precaliente el horno a 180 °C.

Utilice las palmas de las manos para modelar 1 cucharada colmada de la pasta formando una bola de unos 2,5 cm de diámetro, y luego aplánela con la palma de la mano sobre la placa de hornear. Presione su pulgar sobre el centro para formar un agujero. Continúe trabajando con el resto de la masa. Procure que las galletas se encuentren bien separadas, pues aumentarán de tamaño durante la cocción.

Hornee 10-12 minutos o hasta que las galletas estén doradas. Déjelas enfriar sobre una rejilla metálica.

SUGERENCIA: coloque un paño bajo el cuenco para evitar que se desplace mientras mezcla la masa, y ponga 4 copos pequeños de mantequilla en la placa antes de forrarla con el papel para que éste no se desplace.

Tras la fermentación, las habas se extienden sobre esteras para secarlas al sol y se les pasa un rastrillo de forma intermitente. Con tiempo soleado, el secado dura una semana aproximadamente.

PARA CHUPARSE LOS DEDOS

Uno de los desafíos con los que uno se enfrenta al elegir un pastel de chocolate para celebrar un cumpleaños para niños es que sea saludable y que les guste, pero que no provoque el deseo de consumir azúcar sin control. En esta receta, en vez del glaseado y la decoración a base de azúcar, un empleo imaginativo de la fruta proporciona todo el color y sabor necesarios. Naturalmente, también puede añadir decoraciones de chocolate y otros dulces cuando sean grandes, después de todo son niños. A los niños también les encanta crear diseños; anímeles a que expongan sus ideas sobre formas y decoración.

PASTEL DE ANIVERSARIO
EN FORMA DE PESCADO

Tiempo de preparación: 20 minutos
Tiempo de horneado: 35 minutos, dependiendo del molde empleado
Necesitará: moldes redondos para pastel, una fuente para asar de 31 x 27 cm, según la forma que necesite para el pastel,
y una fuente grande para servir
Para 15 raciones (doble la receta y utilice dos fuentes para asar si desea preparar un pastel
tan grande como el de la fotografía, que es para 30 personas)

PASTEL:

12 huevos, separados

350 g de azúcar

200 g de harina, tamizada

100 g de chocolate en polvo de calidad

175 g de mantequilla sin sal, derretida y enfriada

SUGERENCIAS PARA LA COBERTURA:

Yogur griego espeso mezclado con un poco de miel
o una compota de frutas son alternativas saludables
a los glaseados de azúcar.

La crema de chocolate es otra buena alternativa para
los niños mayores, pero no olvide que lleva avellanas.

Una tableta de 100 g de chocolate derretida con
1 cucharada de crema de leche espesa; utilice chocolate
con caramelo si lo desea aún más calórico.

DECORACIÓN:

Diferentes frutas de todos los colores y formas. (Rodajas
de kiwi para unos ojos de pescado, gajos de naranja
o clementinas para las escamas del pescado.)

Dulces, copos de chocolate, cuerdas de regaliz,
cucuruchos de helado, cubanos.

Mini juguetes o figuras.

Palillos y broquetas pequeñas para mantener las cosas
unidas.

SUGERENCIA: si va a preparar este pastel para servirlo en casa,
no se debe preocupar por el transporte y puede ser tan ambicioso y extravagante como desee.

Para preparar el pastel, precaliente el horno a 180 °C. Forre las fuentes con papel sulfurizado.

Bata las yemas con el azúcar hasta que blanqueen y estén cremosas. La mezcla debe blanquear al levantar la batidora sobre el cuenco, cayendo desde la misma en forma de una cinta gruesa. Bata las claras a punto de nieve. Tamice juntos la harina y el cacao e incorpórelos a las yemas, alternando con las claras y la mantequilla derretida y enfriada.

Vierta la mezcla en los moldes preparados y hornee unos 35 minutos para un pastel hondo, unos 20 minutos para uno más plano y 5-10 minutos si utiliza la fuente para asar. Una vez empiece a oler el pastel, échele una ojeada. Para comprobar si está cocido, inserte una broqueta en el centro y presione la superficie del pastel. Si la broqueta sale limpia y el pastel está esponjoso al tacto y los bordes se separan de las paredes del molde, está hecho.

Deje enfriar el pastel en el molde unos cuantos minutos y luego colóquelo sobre una rejilla para que se enfríe antes de retirar el papel.

Para decorarlo, busque un dibujo, figura o escena como guía. Al estudiarlo, encontrará pequeños detalles que podrá recrear utilizando trozos de pastel o fruta.

Prepare una fuente de servicio grande y fórrela con papel de aluminio o sulfurizado.

Coloque el pastel sobre una tabla de madera y, con ayuda de un cuchillo, córtelo según las formas deseadas. No tiene por qué preparar las formas de un sólo trozo de pastel; recuerde que puede pegar con facilidad trozos del mismo utilizando el glaseado. Monte la forma elegida sobre la fuente de servicio.

Glasee el pastel con la cobertura escogida, luego deje que corra su imaginación. Intente agrupar las frutas por bloques de color para obtener un pastel que fascinará a los niños.

Penny Parker ofrece tés maravillosos y dispone en su repertorio de muchas recetas que le encanta ofrecer. Siempre nos sorprende el número de personas que nos envían recetas improvisadas porque su amigo no les ha dado la original. Estas pastas de chocolate son la receta original y contienen azúcar mascabado, que les proporciona un sabor intenso y corta su dulzor original.

FLAPJACKS
DE CHOCOLATE

Tiempo de preparación: 10 minutos
Tiempo de horneado: 20 minutos
Necesitará: una placa para hornear de 17 x 28 cm o una fuente para asar
Para 20 raciones

350 g de mantequilla sin sal

3 cucharadas de jarabe de melaza dorado

175 g de azúcar moreno blando

175 g de azúcar mascabado

175 g de copos de avena de calidad

275 g de copos de avena procesados (para gachas)

6 cucharadas de cacao en polvo de calidad

Precaliente el horno a 140 °C. Engrase con mantequilla la fuente para hornear.

Derrita la mantequilla, el jarabe y ambos azúcares en un cazo, pero no deje que la mezcla hierva. Incorpore removiendo los copos de avena y el cacao.

Utilice un tenedor para presionar la mezcla sobre la placa y hornee 18-20 minutos. Las pastas deben cocerse en el centro, pero no deben formar burbujas, pues su sabor sería demasiado caramelizado. Deben quedar jugosas.

Retírelas del horno y déjelas enfriar unos 20 minutos antes de sacarlas de la placa.

SUGERENCIA: estas pastas quedan deliciosas si añade a la avena 2 cucharadas de coco seco o sultanas.
También puede incorporar 1 cucharada de semillas de sésamo,
pero necesitará un puñado más de avena porque las semillas hacen que las pastas queden aceitosas.

Son fáciles de preparar y los niños los adoran; basta con echar una ojeada a la lista de ingredientes para saber por qué. Esta receta de bolas de chocolate al caramelo recuerda a Valerie Black su infancia en Argentina. Quizás la diversión que suponía prepararlas, transformándolas en un bocado apetitoso, es lo que la llevó a iniciar su carrera de diseñadora de joyas para los ricos y famosos. Ajuste el cacao al gusto y cubra los *brigadeiros* con azúcar lustre o fideos de chocolate. A los adultos les gustan espolvoreados con cacao en polvo.

BRIGADEIROS

Tiempo de preparación: 15 minutos
Tiempo de cocción: 30 minutos
Tiempo de enfriado: 2 horas

1 lata de leche condensada

2-3 cucharadas de cacao en polvo

mantequilla, para engrasar

azúcar lustre, fideos de chocolate, bolas de plata u otros dulces para recubrir

Vierta la leche condensada en un cazo, agregue el cacao al gusto y coloque el recipiente a fuego medio. Mezcle la preparación regularmente y con cuidado, pues ésta quedará muy caliente. Una vez empiece a espesarse, remueva continuamente hasta que la mezcla se separe al pasar una cuchara.

Necesitará para ello unos 30 minutos. Retire el cazo del fuego y déjelo enfriar 2 horas, aproximadamente.

Tamice el azúcar lustre sobre un cuenco. Una vez la mezcla se haya enfriado, frótese las manos con mantequilla, tome una cucharada de la mezcla y pásela por las palmas de las manos; a continuación déjela caer en el azúcar lustre, o cualquier otra decoración, recúbrala y retire el exceso sacudiéndola con las manos.

SUGERENCIA: mantenga a los niños lejos del fuego, pues la mezcla caliente puede provocar quemaduras importantes.

Esta receta trae buenos recuerdos a Sandra Halliwell, pues evoca el pan con mantequilla y confitura que preparaba su padre. Mientras lo comían, su hermana le contaba cuentos de caballeros con armaduras resplandecientes, por lo que se convirtió en la «cena de los pobres caballeros».

DULCES
RECUERDOS

Tiempo de preparación: 20 minutos
Tiempo de fritura: 1-2 minutos cada uno
Necesitará: una freidora o sartén honda para freír
Para 12 triángulos

MASA:

115 g de harina

una pizca de sal

1 cucharadita de canela molida

1 huevo

150 ml de leche

DULCES RECUERDOS:

6 rebanadas de pan blanco

6 cucharaditas de confitura de frambuesas

50 g de queso cheddar rallado

60 g de chocolate con leche, preferentemente con el 34 % de cacao, picado

500 ml de aceite vegetal

2 cucharadas de azúcar lustre

Para la masa, tamice la harina, la sal y la canela sobre un cuenco. Haga un hueco en el centro y deje caer el huevo; agregue gradualmente la mitad de la leche y mezcle con una cuchara de madera hasta obtener una masa homogénea, incorporando la harina desde los lados. Agregue el resto de la leche y bata la masa 5-10 minutos o hasta que esté bien aireada. Déjela reposar en un lugar fresco.

Cubra 3 rebanadas de pan con la confitura, el queso y el chocolate. Coloque encima las 3 rebanadas restantes y prepare 3 sándwiches. Presione hacia abajo para sellar el relleno y corte cada uno en 4 triángulos. Páselos por la masa.

Caliente el aceite en la freidora o sartén hasta que casi empiece a humear. Coloque cuidadosamente unos sándwiches en el aceite: recuerde que puede salpicar.

Una vez se hayan dorado, déles la vuelta hasta que estén uniformemente dorados. Los triángulos aumentarán de tamaño, por lo que debe cocerlos por tandas.

Retírelos y escúrralos sobre papel de cocina. Antes de servir, tamice por encima el azúcar lustre y la canela.

SUGERENCIA: no deje que los niños se acerquen al aceite caliente.

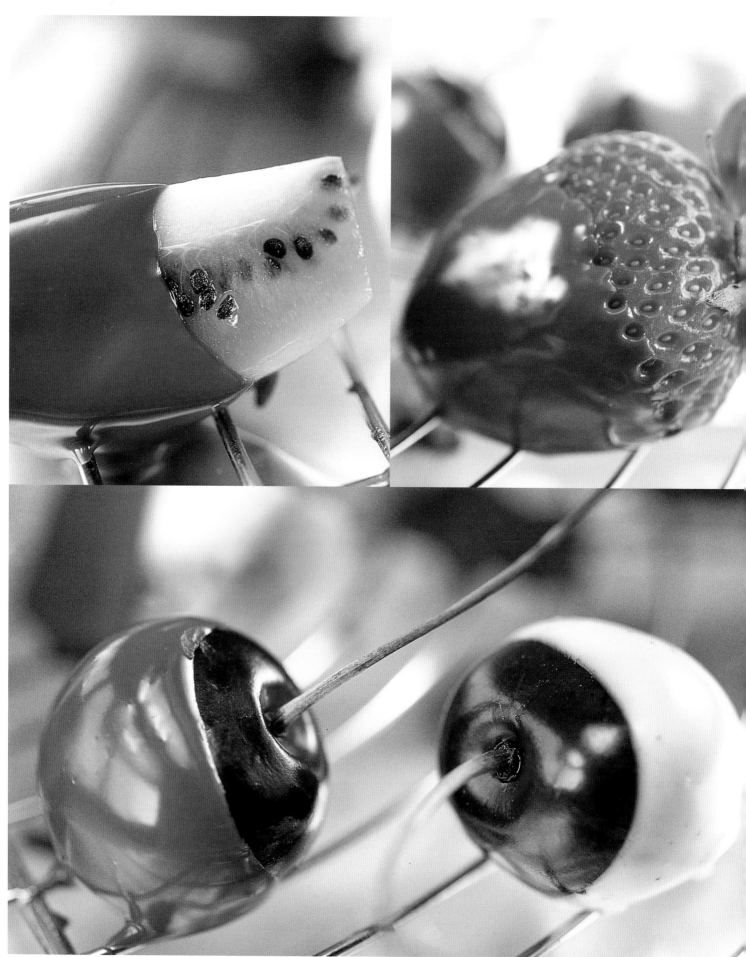

Haley Foxton es la ahijada de nuestra fundadora, Josephine Fairley. Su madre fue la presidenta de la Soil Association y, junto con Jo y Craig Sams, fue líder de la campaña para el retorno a los métodos de trabajo en el campo en armonía con la naturaleza, así como para la obtención de alimentos con su auténtico sabor. Haley nos proporcionó esta receta para el lanzamiento de Green & Black's.

FRUTAS RECUBIERTAS
DE CHOCOLATE

Tiempo de preparación: 30 minutos
Necesitará: una rejilla metálica o palillos o una gradilla o calzas metálicas, o dos mitades de sandía para poder pinchar las frutas recubiertas
Para unos 100 trozos

100 g de chocolate con leche, preferiblemente con el 34 % de cacao, troceado

100 g de chocolate blanco de calidad, troceado

100 g de chocolate Maya Gold u otro chocolate negro con naranja de calidad, troceado

12 fresas, con los rabitos

2 kiwis maduros, a rodajas

12 cerezas, con los rabitos

1 piña, cortada en trozos triangulares

2 plátanos, en rodajas diagonales

2 mangos, a rodajas

1 cajita de uva espina de El Cabo

2 pitahayas, cortadas a cuartos, con la piel

Derrita los tres chocolates por separado en tres cuencos refractarios dispuestos sobre un cazo con agua que empiece a hervir. Vigile el chocolate blanco; puede derretirlo sobre un cazo con agua hervida, pero fuera del fuego. Déjelos enfriar unos 5 minutos antes de sumergir las frutas.

Puede utilizar unos palillos o unas broquetas para pinchar las frutas, sumergiendo luego las piezas de forma que cada una de ellas quede medio cubierta con el chocolate, y luego pinchándolas en el soporte arriba indicado para que cuaje el chocolate. También puede suspender las frutas con los dedos, sumergirlas en el chocolate y dejarlas cuajar sobre una rejilla. Continúe trabajando hasta agotar el chocolate.

Una vez haya recubierto todos los trozos, no los ponga en la nevera, pues el chocolate perdería su tono brillante.

SUGERENCIA: puede congelar las frutas preparadas antes de bañarlas en el chocolate, colocarlas luego sobre una placa forrada con papel sulfurizado y devolverlas al congelador para su uso posterior.

¿Por qué comprar una madalena preparada con sabores artificiales cuando puede hacerlas tan fácilmente en casa? Estas madalenas son ideales para niños un poco mayores, ya que pueden prepararlas ellos mismos y consumirlas recién horneadas.

MADALENAS
DE PLÁTANO, CEREZAS Y CHOCOLATE BLANCO

Tiempo de preparación: 10 minutos
Tiempo de cocción: 20 minutos
Necesitará: moldes de papel para madalenas o una placa con 10 agujeros para madalenas o *muffins*
Para 10 madalenas grandes

150 g de harina

$^1/_2$ cucharadita rasa de levadura en polvo

$^1/_4$ de cucharadita de sal

1 huevo mediano

40 g de azúcar blanquilla

125 ml de leche

50 g de mantequilla sin sal, derretida

50 g de cerezas secas, picadas

50 g de chocolate blanco, picado

1 plátano pequeño, aplastado

Precaliente el horno a 200 °C.

Tamice juntas la harina, la levadura en polvo y la sal. Bata en otro cuenco el huevo, el azúcar, la leche y la mantequilla derretida. Mezcle los ingredientes secos con los húmedos, pero no lo haga demasiado a fondo, pues la mezcla debe quedar bastante granulosa. Incorpórele las cerezas, el chocolate blanco y el plátano y mezcle de nuevo, pero lo justo.

Reparta la mezcla en los moldes, pero sin sobrepasar los dos tercios de su altura.

Hornee 20 minutos.

SUGERENCIA: la masa no debe quedar homogénea, pues las madalenas tendrían una textura demasiado fina y parecerían pastelillos.

El postre perfecto para una cena, acompañado de una ensalada de frutas. A los niños les encanta verter la masa y ver cómo cambia de forma mágicamente. Asegúrese de que utilizan guantes de horno grandes para evitar quemarse con las salpicaduras, y que alguien esté cerca para sostener el recipiente.

SCONES

DE CHOCOLATE

Tiempo de preparación: 15 minutos
Tiempo de cocción: 20 minutos
Necesitará: una sartén de fondo grueso y una espátula
Para 18-20 raciones

100 g de harina con levadura incorporada

1 cucharadita de levadura en polvo

3 cucharadas de azúcar blanquilla

4 cucharadas de cacao en polvo

1 huevo grande

150 ml de leche

100 g de mantequilla sin sal

la cáscara rallada de 1 naranja o 1 cucharadita de jengibre fresco rallado (opcional)

Tamice la harina, la levadura en polvo, el azúcar y el cacao sobre un cuenco grande. Haga un hueco en el centro y deje caer el huevo. Bata gradualmente el huevo con la harina. Incorpore la leche poco a poco, mezclando lentamente los ingredientes para obtener una masa homogénea con consistencia de vertido. Trabaje suavemente, pues de lo contrario las pastas quedarán duras.

Incorpore, a continuación, el aromatizante opcional, si lo desea.

Derrita la mantequilla en una sartén a fuego lento y viértala en una jarrita.

Compruebe la temperatura cociendo un *scone* y luego vierta una cucharada de la masa en la sartén. Cueza tres *scones* a la vez. Deje abundante espacio entre ellos para que no se unan.

Cuézalos hasta que aparezcan unas pocas burbujas sobre su superficie y exploten; déles la vuelta y cuézalos por el otro lado 1 minuto, aproximadamente.

Agregue más mantequilla derretida entre las diferentes tandas para que recubra la superficie de cocción por completo antes de cocer la siguiente tanda.

Sirva los *scones* enseguida acompañados con mantequilla o crema de chocolate para extender; espolvoree con azúcar y añada un poco de zumo de limón, confitura o crema batida.

SUGERENCIA: para recalentarlos, envuélvalos en papel de aluminio
y póngalos en el horno caliente unos cuantos minutos.

ALGO OCULTO

Los granos secos deben contener menos del 7-8 % de humedad
para evitar el enmohecimiento durante su conservación.

Estas madalenas le sorprenderán, y las irá encontrando mejores a medida que las devore y se acostumbre al picante del chile. El chile es uno de los primeros compañeros del chocolate, y ésta es una gran forma de acompañarlo y un dulce inusual para el té o la merienda. Helen Garmston, una de las participantes en nuestro concurso de recetas para la revista *Country Living*, las preparaba a modo de postre para un bufé mexicano. También son excelentes para un desayuno o un almuerzo.

MADALENAS

DE MOLE MEXICANAS

Tiempo de preparación: 15 minutos
Tiempo de horneado: 20 minutos
Necesitará: una placa para madalenas de 12 agujeros, 24 moldes de papel
Para 12 madalenas

100 g de chocolate con leche, preferiblemente con el 34 % de cacao

10 g o más de chiles rojos frescos (los más pequeños son los más picantes, y los del tamaño de un dedo lo son menos)

200 g de harina

25 g de cacao en polvo de calidad

1 cucharadita de levadura en polvo

$^{1}/_{2}$ cucharadita de sal

110 g de azúcar blanquilla

2 huevos medianos

100 ml de aceite de girasol

225 ml de leche

1 cucharadita de extracto de vainilla

Precaliente el horno a 200 ºC. Forre los agujeros de la placa con dos moldes de papel cada uno.

Ralle groseramente el chocolate con leche. Pique finamente los chiles y deseche membranas y semillas; tenga cuidado de no tocar la carne de los chiles. Es preferible que emplee guantes de goma.

Tamice la harina, el cacao, la levadura en polvo y la sal en un cuenco y mézclelos con el azúcar, el chocolate rallado y los chiles picados. Haga un hueco en el centro.

Bata en otro cuenco los huevos con el aceite de girasol hasta que la mezcla quede espumosa; luego incorpore gradualmente la leche y el extracto de vainilla. Vierta los ingredientes secos en el hueco y mezcle hasta que se hayan combinado. No lo haga en exceso, pues de lo contrario no tendrán la textura granulosa de la madalena tradicional.

Reparta la mezcla en los moldes, llenándolos hasta tres cuartos de su altura. Hornee unos 20 minutos hasta que hayan subido y estén esponjosos al tacto.

Deje enfriar las madalenas en el molde unos pocos minutos y sírvalas calientes, o vuélquelas sobre una rejilla metálica para que se enfríen por completo.

SUGERENCIA: si toca la carne de los chiles con las manos desnudas, no se toque los ojos.

La remolacha de este pastel le aporta una textura jugosa y aterciopelada y un pequeño toque de su color púrpura. Al principio notará un fuerte sabor a remolacha, que se atenuará a medida que lo deguste. La mayoría de pasteles que llevan hortalizas se preparaban antiguamente para aprovechar las que habían sobrado del huerto. Vicki van Esch nos envió esta versión, adaptada de una receta australiana.

PASTEL DE CHOCOLATE
Y REMOLACHA

Tiempo de preparación: 30 minutos
Tiempo de cocción: 50 minutos
Necesitará: un molde para pastel redondo de 18 cm de diámetro
Para 8 raciones

100 g de chocolate en polvo

230 g de harina con levadura incorporada

200 g de azúcar blanquilla dorada

100 g de chocolate negro, como mínimo con un 60 % de cacao, troceado

125 g de mantequilla sin sal

250 g de remolacha cocida

3 huevos grandes

PARA SERVIR:

azúcar lustre para espolvorear

crema acidificada

Precaliente el horno a 180 °C.

Engrase el molde con mantequilla y enharínelo.

Tamice juntos el chocolate en polvo y la harina y luego mézclelos con el azúcar. Derrita juntos el chocolate con la mantequilla en un cuenco refractario dispuesto sobre un cazo con agua que empiece a hervir. Reduzca la remolacha a puré en el robot, bata los huevos y luego mézclelos con la remolacha. Agregue las mezclas de remolacha y chocolate a los ingredientes secos y mezcle a fondo.

Vierta la mezcla en el molde. Hornee 50 minutos o hasta que, al insertar una broqueta en el centro, ésta salga limpia. Retire el molde del horno y deje enfriar el pastel en el mismo molde unos 10 minutos antes de volcarlo sobre una rejilla metálica para que se enfríe. Sírvalo espolvoreado con el azúcar lustre y un poco de crema acidificada.

SUGERENCIA: para aportar al pastel una cobertura diferente,
puede rallar un poco de remolacha cocida por encima y añadir un glaseado blanco normal.
Recuerde que debe usar guantes de goma al manipular la remolacha, pues tiñe la piel.

Para esta hedonística preparación de Phillip Harris-Jones, que cultiva sus propios chiles, se precisan unas manos delicadas. Al finalizar una cena, sirvió unos chiles cortados en rodajas finas previamente macerados en vodka con una tableta de chocolate negro Green & Black's; una idea llevó a otra y en su siguiente cena los comensales pudieron disfrutar de estos chocolates inolvidables.

CHILES AL VODKA
Y CHOCOLATE

Tiempo de maceración: 12 horas
Tiempo de preparación: 30 minutos
Necesitará: una manga pastelera con boquilla pequeña
Para 12 chiles al vodka

6 chiles verdes, con los tallos

6 chiles rojos, con los tallos

350 ml de vodka

100 g de chocolate blanco de calidad o chocolate negro, como mínimo con un 60 % de cacao, para rellenar los chiles

pimienta negra recién molida

100 g de chocolate negro, como mínimo con un 60 % de cacao

azúcar lustre

Lave los chiles; practique una pequeña incisión a un lado para retirar las membranas internas y todas las semillas, para que luego pueda rellenarlos. Macérelos en el vodka 12 horas como mínimo antes de preparar el relleno.

Para el relleno, derrita el chocolate blanco o negro en un cuenco refractario dispuesto sobre un cazo con agua que empiece a hervir. Retírelo del fuego y mézclelo con un chorrito de vodka y un poco de pimienta negra recién molida. Ponga la mezcla en la manga pastelera provista de una boquilla pequeña y rellene los chiles; si no tiene una manga, utilice una cucharilla de café y un palillo. Guarde los chiles en un recipiente hermético apto para congelar y resérvelos en el congelador hasta el momento de utilizarlos.

Espolvoree azúcar lustre sobre el plato donde los va a servir. Muela algunos granos de pimienta sobre el azúcar lustre.

Para recubrir los chiles, derrita el chocolate negro en un cuenco refractario dispuesto sobre un cazo con agua que empiece a hervir. Vierta el chocolate derretido en un vasito y sumerja dentro los chiles cubriéndolos en sus tres cuartas partes con el chocolate. Colóquelos directamente sobre la fuente de servicio y preséntelos.

SUGERENCIA: puede blanquear los chiles desprovistos de membranas y semillas para atenuar su sabor, o bien hervirlos 2 minutos para eliminar el picante.

ALGO OCULTO

Una vez secos, los granos están duros y han encogido, pasando de un color blanco, púrpura o rosado, según cuál sea su variedad, a un color marrón oscuro o medio.

Los sabores del chocolate ya han empezado a sobresalir, pero aún no se han desarrollado por completo. Los granos ya están listos para enviarse a la fábrica.

Viv Pearson nos envió la receta de este pastel oscuro; a él se la proporcionó un amigo. Es su antídoto a los pasteles de chocolate excesivamente dulces y tiene un sabor suntuoso. Queda fantástico acompañado de crema o de un helado de vainilla.

PASTEL
DE CHOCOLATE Y CERVEZA

Tiempo de preparación: 35 minutos
Tiempo de cocción: 1-1$^1/_4$ horas
Necesitará: un molde con fondo desmontable de 23 cm de diámetro

225 g de mantequilla sin sal, ablandada

350 g de azúcar moreno blando

4 huevos grandes, batidos

225 g de harina

$^1/_2$ cucharadita de levadura en polvo

2 cucharaditas de bicarbonato sódico

400 ml de cerveza negra (*stout* o Guinness); deje que la espuma se pose antes de utilizarla

100 g de cacao en polvo

150 g de chocolate negro, como mínimo con un 60 % de cacao, rallado

Precaliente el horno a 180 °C.

Engrase el molde con mantequilla y luego fórrelo con papel sulfurizado.

Bata la mantequilla con el azúcar e incorpore gradualmente el huevo batido. Tamice juntas la harina, la levadura y el bicarbonato. Mezcle la cerveza y el cacao en una jarra a fondo. Añada el chocolate rallado.

Incorpore la harina y la mezcla de cerveza, alternándolas, a la mezcla del pastel; remueva bien entre cada adición, hasta que estén completamente amalgamados. La consistencia será bastante blanda.

Vierta la mezcla en el molde y hornee durante 1- 1$^1/_4$ horas o hasta que, al insertar una broqueta en el centro del pastel, ésta salga limpia. Quizás deba cubrir el pastel con papel de aluminio o sulfurizado al cabo de una hora para evitar que la superficie se oscurezca demasiado.

Retire el pastel del horno y déjelo reposar 10 minutos antes de volcarlo sobre una rejilla metálica para que se enfríe.

SUGERENCIA: deje que la espuma de la cerveza se asiente antes de mezclarla con el cacao.

No les diga a sus invitados lo que hay en el plato hasta que se lo hayan comido. Esta receta es un ejemplo perfecto de por qué lo dulce y lo salado pueden armonizar tan bien: la carne de cordero es bastante dulce y se complementa perfectamente con el chocolate. Annette Jones, participante en nuestro concurso de recetas de la revista *Country Living*, nos envió esta receta. La describe como «un plato principal intensamente decadente y una alternativa fragante a un guiso normal».

CORDERO AL CHOCOLATE Y AL CAFÉ
A LA MANERA DE SUECIA

Tiempo de preparación: 30 minutos
Tiempo de cocción: 1 hora
Necesitará: una cazuela refractaria
Para 4-6 raciones

50 g de harina con levadura incorporada

$^1/_2$ cucharadita de mostaza en polvo

una pizca de sal marina

pimienta negra recién molida

1 kg de carne de cordero muy magra (solomillo o pierna), cortada a dados de 3 cm

75 g de mantequilla sin sal

3 dientes de ajo

1 cebolla grande

12 escalonias

1 cucharada de aceite de oliva

1 cucharada de Kahlúa (licor de café)

250 ml de café filtrado fuerte

750 ml de caldo de cordero

50 g de chocolate negro, como mínimo con un 60 % de cacao, troceado

ESPECIAS Y CONDIMENTOS:

1 arillo de macís, desmenuzado

12 vainas de cardamomo, aplastadas

1 vaina de vainilla, semillas raspadas

$^1/_2$ cucharadita de nuez moscada, rallada

1 anís estrellado

3 hojas de laurel, troceadas

PARA LOS PICATOSTES:

1 rebanada de pan blanco

1 rebanada de pan de trigo malteado

aceite de oliva

PARA ADORNAR:

1 cucharada de crema acidificada

un puñado de perejil picado

Coloque las especias y los condimentos para los picatostes en una sartén de fondo grueso. Tuéstelos sin aceite y a fuego muy lento 10-15 minutos, pero no deje que se quemen. Póngalos en un cuenco pequeño y reserve. Precaliente el horno a 220 ºC.

Sazone la harina con la mostaza en polvo, la sal y la pimienta. Mezcle el cordero con la harina sazonada y cúbralo bien. Frote 25 g de mantequilla con el resto de la harina sazonada.

SUGERENCIA: vierta agua hirviendo sobre las escalonias
y déjelas reposar 10 minutos para poder pelarlas con facilidad.

Pique el ajo, corte la cebolla en anillos y pique finamente las escalonias. Fría el ajo y las escalonias en el resto de la mantequilla y el aceite hasta que se doren. Retírelos de la sartén con una espumadera y resérvelos.

Fría en la misma sartén el cordero enharinado por tandas, hasta que se dore uniformemente. Retírelo y póngalo en una cacerola refractaria con el ajo, la cebolla y las escalonias. No lave la sartén.

Agregue el Kahlúa y el café a los fondos de cocción pegajosos de la sartén y cueza la mezcla a fuego medio durante 4 minutos; remueva y raspe los fondos depositados en la base hasta formar una salsa homogénea y brillante. Agregue el caldo de cordero y la mezcla de harina y mantequilla, removiendo sin cesar. Lleve a ebullición y vierta sobre la mezcla de carne y cebolla.

Cueza el cordero en el centro del horno 15 minutos, baje la temperatura a 160 ºC y hornee otros 45 minutos o hasta que

el cordero esté tierno. Inserte un cuchillo en el centro de un trozo, la carne debe deslizarse con facilidad.

Mientras la carne se hace, prepare los picatostes. Mezcle las especias reservadas desechando las vainas de cardamomo. Corte el pan en dados y fríalo a fuego suave con las especias y el aceite de oliva; añada más aceite si el pan lo absorbe. Reserve.

Una vez que la carne esté tierna, retírela del horno y mézclela con los trozos de chocolate, asegurándose de que está bien repartida por toda la cacerola.

Adorne con un poco de crema acidificada, un poco de perejil fresco picado y los picatostes.

Sirva con patatas nuevas hervidas o puré de patatas y unas hortalizas hervidas.

ALGO OCULTO

Lindsey Barrow cultiva hortalizas orgánicas, cocina y es amante del chocolate. Fue una de las participantes en el concurso de recetas de la revista *Country Living*. Ideó este pan tras encontrarse inundada de gran cantidad de calabacines procedentes de su huerto orgánico. Lindsey lo prepara a menudo para organizaciones caritativas, donde suele desaparecer enseguida debido a su inusual mezcla de sabores.

PAN DE CHOCOLATE
Y CALABACINES

Tiempo de preparación: 20 minutos
Tiempo de cocción: 55 minutos
Necesitará: un molde para pan de 900 g
Para 8-10 raciones

PAN:

175 g de chocolate negro, como mínimo con un 60 % de cacao, troceado

225 g de calabacines

200 g de harina

1 cucharadita de levadura en polvo

1 cucharadita de bicarbonato sódico

1 cucharadita de canela molida

110 g de azúcar blanquilla

175 ml de aceite de girasol

2 huevos medianos

GLASEADO:

175 g de mantequilla sin sal, ablandada

350 g de azúcar lustre

50 g de cacao en polvo

agua o licor (opcional)

Precaliente el horno a 180 °C.

Pincele el molde con un poco de aceite y forre la base con papel sulfurizado.

Derrita el chocolate en un cuenco refractario dispuesto sobre un cazo con agua que empiece a hervir. Mezcle y reserve al calor.

Ralle finamente los calabacines.

Tamice la harina, la levadura, el bicarbonato y la canela sobre un cuenco grande y mezcle con el azúcar y los calabacines rallados.

Bata en otro cuenco los huevos con el aceite. Mezcle con la preparación anterior y luego con el chocolate derretido.

Vierta la mezcla anterior en el molde preparado y hornee 55-65 minutos o hasta que el pan haya subido y, al insertar una broqueta en el centro, ésta salga limpia.

El pan recién horneado es muy frágil, por lo que debe dejarlo enfriar en el molde 15 minutos como mínimo antes de volcarlo sobre una rejilla metálica para que se enfríe por completo.

Para el glaseado, bata la mantequilla hasta que blanquee y esté esponjosa. Tamice juntos el azúcar lustre y el cacao y luego mezcle con la mantequilla batida y el licor suficiente para obtener un glaseado fácil de extender.

SUGERENCIA: este pastel se congela bien. Envuélvalo en papel de aluminio y luego en una bolsa de plástico antes de congelarlo.

Marian Ash creó este plato típico mexicano al leer *Como agua para chocolate*, de Laura Esquivel, y tras mantener un *chat* con un amigo sobre el efecto mágico del chocolate sobre los platos salados. Empezó experimentando con diversos ingredientes y acabó haciendo esta receta, que sugiere que se acompañe con tortillas de maíz y una ensalada de aguacate.

MOLE
DE POLLO

Tiempo de preparación: 20 minutos
Tiempo de cocción: 1¹/₂ horas
Necesitará: una cacerola refractaria grande
Para 4 raciones

2 dientes de ajo

2 cebollas grandes

2 chiles jalapeños secos y ahumados, en remojo y picados (reservar el agua de remojo) o 2 cucharaditas de pimentón dulce ahumado

8 octavos de pollo, con el hueso

2 cucharadas de aceite de oliva

400 g de judías arriñonadas, enlatadas

400 g de tomates enlatados picados

75 g de chocolate negro, como mínimo con un 60 % de cacao

sal

Precaliente el horno a 150 °C.

Pique los dientes de ajo y corte las cebollas a rodajas.

Retire las membranas y las semillas de los chiles y reserve el agua de remojo.

Dore el pollo en la cacerola con un poco de aceite de oliva. Agregue el ajo y las cebollas.

Una vez las cebollas estén ligeramente doradas, incorpore los tomates y las judías arriñonadas, incluido su líquido, los chiles picados y su líquido de remojo, así como 50 g de chocolate.

Caliente por debajo del punto de ebullición. Coloque la preparación en el horno y cueza como mínimo 1 hora y 30 minutos.

Desengrase la superficie para retirar la grasa del pollo.

Pruebe y rectifique la condimentación con sal si fuese necesario.

Añada 20 g de chocolate negro al gusto.

La salsa será espesa y de un color marrón aterciopelado brillante.

SUGERENCIA: para una alternativa vegetariana, elimine el pollo del plato y ponga el doble de judías.

No necesita una máquina para preparar salchichas, pero sí un carnicero que le venda intestinos de cerdo orgánico. Zena Leech-Calton participó en nuestro concurso nacional con esta receta que destacaba entre las demás. Probar las salchichas fue toda una aventura, pero llenar los intestinos resultó mucho más fácil de lo que habíamos imaginado.

SALCHICHAS CHILENAS
DE CERDO ORGÁNICO Y CHOCOLATE

Tiempo de preparación: 30 minutos
Tiempo de reposo: toda la noche
Tiempo de cocción: 10-15 minutos
Necesitará: una máquina para preparar salchichas o una manga pastelera grande, con una boquilla de 2-3 cm
Para 16 salchichas pequeñas o 10 grandes

intestinos de cerdo para 1 kg de mezcla

1 cucharada de vinagre

500 g de panceta de cerdo orgánico, groseramente picada

250 g de panceta de cerdo orgánico, a dados pequeños

2 hojas de salvia, picadas

1 cucharadita de hojas y tallos de cilantro picados

1 cucharadita de hojas de perejil, picadas

1 cucharadita de tomillo de limón, picado

25 g de mantequilla sin sal

1 cucharada de aceite de maíz

175 g de cebolla roja, finamente picada

1 chile verde, sin semillas y finamente picado

10 g de jengibre, pelado y finamente picado

2 dientes de ajo, picados

$^1/_2$ cucharadita de macís molida

$^1/_2$ cucharadita de pimentón molido

$^1/_4$ de cucharadita de nuez moscada recién rallada

$^1/_4$ de cucharadita de comino molido

90 g de chocolate negro, como mínimo con un 60 % de cacao, troceado

sal y pimienta negra recién molida

Remoje los intestinos en un cuenco con agua tibia con 1 cucharada de vinagre durante 30 minutos. Quedarán blandos y elásticos. Lávelos a fondo con agua fría y luego deje que el agua entre dentro, ajustándolos al caño del grifo.

Mezcle el cerdo picado y a dados, la salvia, el cilantro y el perejil en un cuenco con las manos. Caliente la mantequilla y el aceite en una sartén y sofría la cebolla roja, el chile, el jengibre y el ajo hasta que estén blandos pero no dorados. Incorpore la macís, el pimentón, la nuez moscada y el comino a la mezcla anterior. Cueza unos pocos minutos para desprender el sabor de las especias.

Derrita el chocolate en un cuenco refractario dispuesto sobre un cazo con agua que empiece a hervir.

Agregue la cebolla y la mezcla de especias y el chocolate derretido al cuenco con el cerdo y mezcle bien, sazonando con abundante sal y pimienta.

Cubra el cuenco y refrigérelo toda la noche.

Llene la máquina para salchichas o la manga con el relleno (si utiliza una manga, no ponga de golpe todo el relleno, pues le será mucho más difícil hacerlo pasar). Encaje el intestino en la máquina o boquilla y ate el extremo final con un nudo; deje unos 7 cm colgando al final. Haga pasar el relleno en el interior del intestino formando una salchicha larga y gruesa; una vez el intestino casi esté lleno, ate un nudo en el extremo superior. Divida la salchicha en otras más pequeñas, retorciendo cada sección en direcciones alternas para evitar que las salchichas se deshagan. Córtelas en el centro de cada sección retorcida.

Blanquee las salchichas en agua salada hirviendo 1 minuto antes de asarlas a la parrilla o a la barbacoa. Déles la vuelta a menudo y no las cueza en exceso.

Estas salchichas son deliciosas acompañadas de arroz moreno cocido al vapor aromatizado con jengibre y una ensalada de judías negras, blancas, aceite de oliva, tomates, aguacates, cilantro, ajo, pimientos, cebollas y otros condimentos.

Esta receta debe realizarse a mano para obtener la textura adecuada. Roger Slater cuenta con una cocina grande y bien ventilada, por lo que deja levar el pan en el horno precalentado antes de hornearlo. Sugiere que se tueste el pan y se coma al natural o con una entrada como el salmón ahumado.

PAN
DE CHOCOLATE, CHILE Y LIMA

Tiempo de preparación: 40 minutos
Tiempo de levado: 35 minutos
Tiempo de cocción: 20-25 minutos
Necesitará: un molde para pan de 900 g

15 g de levadura de panadero seca

25 g de azúcar moreno

400 ml de agua caliente

450 g de harina de fuerza blanca

1 cucharadita de sal

125 g de chocolate negro, como mínimo con un 60 % de cacao, troceado

1$^1/_2$ limas frescas

1 chile rojo seco

50 ml de aceite de oliva

Mezcle juntas la levadura, el azúcar y 200 ml de agua caliente para activar la levadura. Deje reposar la mezcla en un lugar caliente unos 15 minutos.

Tamice la harina y la sal sobre un cuenco mezclador. Añada el chocolate y la cáscara de una lima. Corte finamente y pique 1 lima con la piel, y añada la mitad de la mezcla con el zumo de la otra mitad al cuenco. Retire las semillas al chile, píquelo y añádalo al cuenco. Incorpore el aceite de oliva y mezcle groseramente.

Una vez la levadura se haya activado y forme espuma, agréguela a la mezcla amasando a mano.

A medida que absorba el líquido, añada 50 ml de agua caliente y continúe mezclando. Cuando obtenga una masa que pueda reunir formando una bola, juzgue si necesita añadirle un poco más de agua caliente. La masa debe quedar jugosa pero no húmeda. Si está demasiado húmeda, espolvoréela con un poco más de harina para que ésta absorba el exceso de humedad. Continúe trabajando la masa 15 minutos.

Coloque la masa sobre una placa enharinada. Cúbrala con un paño limpio y déjela reposar en un lugar cálido unos 20 minutos para que leve.

Precaliente el horno a 180 °C.

Aceite ligeramente el molde y ponga dentro la masa, presionándola hacia dentro no con demasiada fuerza. Apague el horno y coloque el molde dentro durante 15 minutos. Retírelo.

Encienda de nuevo el horno y precaliéntelo a 220 °C. Hornee el pan durante 20 minutos.

Al cabo de 20 minutos, vuelque el pan del molde y golpee la base con una cuchara de madera, debe sonar a hueco. Si es así, ponga el pan sobre una rejilla para que se enfríe. De lo contrario, devuélvalo al horno (sin el molde) otros 5 minutos.

SUGERENCIA: para levar el pan se necesita un ambiente húmedo y cálido al abrigo de las corrientes de aire. Si la temperatura es demasiado baja, la levadura tarda en activarse; si es demasiado alta, morirá. El mejor lugar para levar una masa es una alacena aireada protegida de las corrientes.

Una Navidad, Margaret Ralph creó esta receta como sorpresa para su marido, un amante del jengibre recubierto de chocolate. Tiene un sabor y aspecto magníficos, con trocitos de jengibre que sobresalen sobre el glaseado, y es un pastel que debe probar cualquier amante del jengibre y el chocolate.

PASTEL DE CHOCOLATE

Y JENGIBRE

Tiempo de preparación: 15 minutos
Tiempo de cocción: 1 hora
Necesitará: un molde redondo de 18 o 20 cm de diámetro

PASTEL:

150 g de azúcar blanquilla

150 g de mantequilla sin sal

3 huevos grandes

3 cucharadas de almíbar de un frasco de jengibre en almíbar

150 g de harina con levadura incorporada

35 g de cacao en polvo

100 g de jengibre en almíbar, finamente picado

GLASEADO:

100 g de jengibre cristalizado

100 de chocolate negro, como mínimo con un 60 % de cacao, troceado

Para el pastel, precaliente el horno a 180 °C. Forre la base del pastel con papel sulfurizado. Bata la mantequilla con el azúcar hasta que la mezcla quede ligera y esponjosa. Agregue los huevos uno a uno, batiendo bien tras cada adición. Luego incorpore el almíbar de jengibre y bata de nuevo ligeramente. Tamice juntos la harina con el cacao y mézclelos con la preparación anterior; a continuación incorpore el jengibre finamente picado.

Vierta la mezcla en el molde y hornee 1 hora o hasta que, al insertar una broqueta en el centro, ésta salga limpia. Retire el pastel del horno y déjelo reposar 10 minutos en el molde antes de volcarlo sobre una rejilla metálica, sin quitarle todavía el papel. Déjelo enfriar antes de preparar el glaseado.

Para el glaseado, pique finamente el jengibre. Derrita el chocolate en un cuenco refractario dispuesto sobre un cazo con agua que empiece a hervir. Agregue el jengibre y mezcle bien. Una vez el pastel se haya enfriado, vierta por encima el glaseado y extiéndalo con un cuchillo paleta.

SUGERENCIA: este pastel resulta también delicioso con chocolate Maya Gold simplemente derretido y extendido por encima.

TESOROS

En el año 2002 se encontraron trazas de cafeína y teobromina en los restos de un brebaje depositado en utensilios de cocina descubier
en el norte de Belice. Las vasijas procedían de unas tumbas mayas del año 600 a. C., y demostraban que el chocolate ya se empleaba
como alimento hace 1.000 años, antes de lo que se creía, y que fueron los mayas y no los aztecas
los primeros en preparar una bebida con el mismo.

TESOROS

La madre de Martine Hilton creció en las plantaciones de Java y Sumatra, rodeada de cacao. Su padre, que había estudiado química, ideó un método para tostar las habas, molerlas a mano y formar tabletas de chocolate rico y graso. Ésta es una receta de su familia basada en los ingredientes disponibles de sus abuelos, tales como coco fresco, latas de leche condensada y el favorito de su abuela, jengibre picante. Martine dice que se servía a menudo cuando las damas cambiaban sus *sarongs* por elegantes vestidos europeos para recibir a los invitados por las tardes. Ha adaptado esta receta que sirve por Navidad, acompañada por café de Java.

CUADRADOS
DE JENGIBRE JAVANESES

Tiempo de preparación: 15 minutos
Tiempo de enfriado: toda la noche
Para unos 25 cuadrados

400 g de chocolate negro, como mínimo con un 60 % de cacao, troceado

125 g de mantequilla sin sal

425 g de leche condensada enlatada

250 g de galletas de jengibre

250 g de jengibre cristalizado

75 g de copos de coco secos

Derrita el chocolate en un cuenco refractario dispuesto sobre un cazo con agua que comience a hervir. Mézclelo con la mantequilla y la leche condensada.

Aplaste groseramente las galletas en una bolsa de plástico con un rodillo. Pique el jengibre en trozos pequeños y reserve un cuarto. Mezcle las galletas, el resto del jengibre y el coco con el chocolate.

Reparta la mezcla en un molde forrado con papel sulfurizado y nivele la superficie. Reparta por encima los trozos de jengibre reservados.

Refrigere todo la noche. Antes de servir, separe la preparación del molde con ayuda del papel y divídala en cuadrados pequeños.

SUGERENCIA: puede encontrar los copos de coco en comercios especializados en frutos secos.

Las florentinas son una de aquellas especialidades tentadoras que uno ve en los escaparates de las pastelerías, sin poderse imaginar que están al alcance de cualquier cocinero casero. De hecho, no son tan complicadas como parecen.

FLORENTINAS

Tiempo de preparación: 20 minutos
Tiempo de cocción: 6 minutos
Tiempo de enfriado y decoración: 25 minutos
Necesitará: un cortapastas de 7 cm, 2 placas de hornear preferiblemente antiadherentes y lisas
Para unas 24 florentinas

50 g de mantequilla sin sal

125 ml de crema de leche espesa

125 g de azúcar

40 g de cerezas confitadas, lavadas con agua caliente, escurridas y cuarteadas

150 g de almendras blanqueadas, finamente picadas

50 g de almendras fileteadas

100 g de piel de naranja confitada, finamente picada

50 g de harina

250 g de chocolate negro, como mínimo con un 60 % de cacao, troceado

Precaliente el horno a 180 °C. Engrase con mantequilla las placas para hornear y enharínelas.

Derrita la mantequilla con la crema y el azúcar y lleve lentamente a ebullición. Retire del fuego y mezcle con las ce-rezas, las almendras picadas y fileteadas, la piel confitada y la harina tamizada.

Deje caer una cucharadita de la mezcla bien espaciada sobre las placas y aplánela con un tenedor que habrá sumergido antes en agua fría. Doblará su tamaño al hornearse.

Hornee 5-6 minutos, retire la pasta del horno y déle forma circular cortando con el cortapastas. Devuélvala al horno y hornee 5-6 minutos más, hasta que los bordes estén ligera-mente dorados. Retírela del horno y déjela reposar unos minutos sobre las placas, luego utilice un cuchillo paleta para transferirla a una rejilla para que se enfríe.

Derrita el chocolate en un cuenco refractario dispuesto so-bre un cazo con agua que empiece a hervir. Extienda el cho-colate derretido sobre la cara lisa de las florentinas con el cuchillo paleta. Cuando esté a punto de cuajar, cree unas lí-neas por encima pasando un cuchillo de sierra por el choco-late. Déjelo cuajar.

SUGERENCIA: esta receta también es deliciosa con chocolate con leche o Maya Gold.

Una nuez del Brasil tiene las mismas calorías que medio huevo y es especialmente rica en aminoácidos, por lo que quizás sienta una mezcla de culpa y placer al comer estas pastas deliciosas. Lorna Dowell, otra participante en nuestro concurso nacional de recetas de chocolate, envió esta receta. Lorna se inspiró tras asistir a un té delicioso en Dapdune Wharf, donde se ofrecieron unas pastas blandas de pepitas de chocolate.

PASTAS BLANDAS DE CHOCOLATE
Y NUECES DEL BRASIL

Tiempo de preparación: 15 minutos
Tiempo de cocción: 20 minutos
Necesitará: un cortapastas de 6,5 cm de diámetro
Para 20 pastas

75 g de mantequilla sin sal

60 g de azúcar blanquilla

1 huevo grande, batido

175 g de harina integral con levadura incorporada

$^1/_2$ cucharadita de extracto de vainilla

1-2 cucharadas de leche

75 g de chocolate negro, como mínimo con un 60 % de cacao, groseramente picado

75 g de chocolate con leche, preferiblemente con el 34 % de cacao, groseramente picado

50 g de nueces del Brasil, picadas

una pizca de sal

Precaliente el horno a 180 °C. Engrase una placa de hornear con mantequilla derretida.

Bata la mantequilla y el azúcar en un cuenco hasta que la mezcla quede ligera y esponjosa. Incorpore los huevos y mezcle. Tamice la harina una vez, devolviendo el salvado a la harina tamizada, y mézclela con la preparación anterior. El salvado aporta su sabor distintivo a las pastas. Bata bien y añada el extracto de vainilla y la leche suficiente para obtener una masa manejable. Mézclela con las manos, añadiendo la leche en pequeñas cantidades, hasta que la masa esté bastante blanda pero no pegajosa. Incorpórele el chocolate picado, las nueces y la sal y distribúyalos uniformemente por toda la masa. Extiéndala sobre la superficie de trabajo ligeramente enharinada dándole 5 mm de grosor. Estampe redondeles con el cortapastas y colóquelos bien espaciados sobre la placa engrasada.

Hornee en el centro del horno unos 20 minutos. Vigile las pastas para que no se cuezan en exceso. Retírelas del horno y déjelas enfriar sobre la placa unos minutos antes de transferirlas a una rejilla metálica para que se enfríen por completo.

SUGERENCIA: la harina siempre debe tamizarse antes de emplearla. Esto es importante no sólo para retirar los cuerpos extraños que pudiera llevar, sino también para airearla.

El pan de jengibre se elaboraba en la época medieval con especias, jengibre y miel, pero a partir del siglo XVII la miel se reemplazó por melaza. Teresa Jackson prepara esta receta de chocolate para el carnaval de Halloween, que tiene lugar en Belfast todos los años. Defiende las virtudes del verdadero chocolate y del comercio justo en el trabajo y es una gran admiradora de Green & Black's desde hace muchos años.

PAN DE JENGIBRE,

CHOCOLATE Y ESPECIAS

Tiempo de preparación: 40 minutos
Tiempo de cocción: 50 minutos
Necesitará: un molde cuadrado de 18 cm de lado y 7,5 cm de profundidad
Para 8 raciones

125 g de mantequilla sin sal

50 g de chocolate negro Maya Gold u otro chocolate negro con naranja de calidad, troceado

50 g de chocolate negro, como mínimo con un 60 % de cacao, troceado

75 g de azúcar mascabado

4 cucharadas de melaza

150 ml de suero

125 g de ciruelas pasas listas para comer

175 g de harina

1 cucharadita de bicarbonato sódico

2 cucharaditas rasas de jengibre molido

1 cucharadita rasa de canela

1 huevo grande, ligeramente batido

Precaliente el horno a 160 °C. Forre el molde con papel sulfurizado.

Corte la mantequilla a dados y póngalos en un cazo de fondo grueso con el chocolate, el azúcar, la melaza y el suero. Caliente a fuego lento hasta que todos los ingredientes estén bien mezclados. Déjelos enfriar.

Corte las ciruelas a trozos pequeños con unas tijeras de cocina. Tamice la harina sobre un cuenco grande junto con el bicarbonato y las especias. Vierta la mezcla de chocolate en el cuenco y bata a fondo con una cuchara de madera; a continuación incorpore el huevo batido y bata de nuevo. Añada las ciruelas.

Vierta la mezcla en el molde preparado y nivele la superficie con un cuchillo paleta. Hornee unos 50 minutos. Retire el pan del horno y déjelo enfriar en el molde unos 10 minutos. Vuélquelo sobre una rejilla metálica y déjelo enfriar por completo. Envuelva el pan en papel sulfurizado y guárdelo en un recipiente hermético.

SUGERENCIA: este pan queda maravillosamente jugoso y se conservará una semana en un recipiente hermético, pero está mejor al día siguiente de prepararlo.

El doctor Barry Alcock fue finalista en nuestro concurso de recetas de chocolate. Nos envió esta receta regional francesa originaria de St. Pourçain, es el Alto Loira. Como él mismo señala, estas pastas ligeras tienen un nombre para el que no existe una traducción educada. Son, simplemente, «pedos de monja».

PETS
DE NONNE

Tiempo de preparación: 20 minutos
Tiempo de cocción: 4 horas o toda la noche
Para 50 pastas
Necesitará: 2 placas antiadherentes

150 g de chocolate negro, como mínimo con un 60 % de cacao, groseramente picado

3 claras de huevo grandes

sal

125 g de azúcar blanquilla

125 g de nueces, groseramente picadas

25 g de angélica, a dados

2 cucharaditas de ron añejo

Precaliente el horno a 180 °C. Si no tiene unas placas antiadherentes, forre las suyas con papel de aluminio.

Refrigere el chocolate groseramente picado durante 1 hora.

Bata las claras con una pizca de sal hasta que estén a punto de nieve. Incorpóreles el azúcar poco a poco y siga batiendo hasta que estén brillantes. Incorpore las nueces, la angélica, el chocolate y, por último, el ron.

Vierta cucharaditas colmadas de la mezcla bien espaciadas sobre las placas.

Hornee 5 minutos, apague el horno y deje las pastas dentro 4 horas o toda la noche.

Guárdelas en una caja hermética.

SUGERENCIA: no bata las claras en exceso. Deben quedar firmes y brillantes; si empiezan a separarse, habrá ido demasiado lejos.

Roger Moore nos envió esta receta con una nota que decía: «Mi suegra, ya fallecida, era una buena cocinera: sus pasteles y postres eran irresistibles para cualquier yerno potencial. Los orígenes de sus recetas se encuentran en viejos libros de cocina, aunque muchas se han adaptado y se han convertido en platos familiares. El pastel de chocolate y manzanas siempre fue mi favorito y mejora con el tiempo, si es que queda algo para al día siguiente».

PASTEL DE CHOCOLATE
Y MANZANAS DE MI SUEGRA

Tiempo de preparación: 30 minutos
Tiempo de cocción: 50-55 minutos
Necesitará: un molde para bizcocho de 21 cm
Para 8 raciones

PASTEL:

140 g de avellanas

275 g de mantequilla sin sal

175 g de azúcar blanquilla

3 huevos grandes

275 g de harina con levadura incorporada

1 cucharadita de levadura en polvo

4 cucharadas de café fuerte

50 g de chocolate negro, como mínimo con un 60 % de cacao, groseramente rallado

RELLENO:

700 g de manzanas ácidas

1 limón grande

2 cucharaditas de confitura de ruibarbo o compota de frutas

GLASEADO:

200 g de chocolate negro, como mínimo con un 60 % de cacao, troceado

25 g de mantequilla sin sal

2 gotas de extracto de vainilla

1 cucharadita de café fuerte

Precaliente el horno a 180 °C. Engrase el molde con mantequilla y enharínelo.

Para el pastel, pique las avellanas, pero no demasiado finamente, y tuéstelas un poco hasta que se doren. Se queman con facilidad, por lo que debe vigilarlas. Bata la mantequilla con el azúcar. Bata los huevos y agréguelos a la mezcla anterior con un poco de harina. Mezcle bien. Tamice por encima el resto de la harina, la levadura en polvo y el café suficiente para obtener una mezcla blanda. Reserve 25 g de avellanas tostadas e incorpore el resto a la preparación anterior junto con el chocolate groseramente rallado.

Vierta la mezcla en el molde. Hornee 50-55 minutos. Deje enfriar el pastel un poco en el molde antes de volcarlo sobre una rejilla para que se enfríe por completo.

Mientras, prepare el relleno. Pele y pique groseramente las manzanas. Coloque en un cazo la cáscara rallada de limón y su zumo con la confitura. Tape y cueza a fuego lento, removiendo de vez en cuando, hasta que las manzanas estén blandas pero no reducidas a puré.

Una vez que el pastel se haya enfriado, córtelo por la mitad en sentido horizontal y rellénelo con las manzanas.

Para el glaseado, derrita el chocolate con el café en un cuenco refractario dispuesto sobre un cazo con agua que empiece a hervir. Retírelo del fuego y mézclelo con la mantequilla y el extracto de vainilla. Déjelo enfriar un poco antes de verterlo sobre el pastel. Decore el pastel con las avellanas.

SUGERENCIA: puede preparar este pastel con otros frutos secos como piñones o almendras, que no es preciso que tueste.

Cuando las habas llegan a la fábrica, se deshuesan y limpian. Se les aplica un calor breve e intenso para ablandar las cáscaras donde se encuentran los granos. Luego se aplastan, se tamizan y se pasan por corrientes de aire y las cáscaras se abren para desprender los granos.

TESOROS

Philippa Jacobs vivió en Ciudad del Cabo durante tres años y ésta es su receta sudafricana favorita. Le recuerda los inviernos que pasó en esta ciudad, cuando paseaba con sus perros por las laderas de la Table Mountain bajo la lluvia y el viento, seguidos por un asado de fiesta tradicional y este dulce. Su variante incluye una cobertura de chocolate negro rallado.

PASTEL DE JENGIBRE
DE CIUDAD DEL CABO

Tiempo de preparación: 40 minutos
Tiempo de horneado: 35 minutos
Necesitará: una tartera de 23 cm de diámetro o una fuente refractaria para servir

MASA:

1 cucharadita de bicarbonato sódico

240 g de dátiles deshuesados

125 ml de agua hirviendo

40 g de mantequilla sin sal

200 g de azúcar granulado

2 huevos grandes

250 g de harina

1 cucharadita de levadura en polvo

una pizca de sal

25 g de jengibre confitado, picado

100 g de cerezas confitadas o deshidratadas, picadas

40 g de nueces, picadas

50 g de chocolate negro, como mínimo con un 60 % de cacao

ALMÍBAR:

75 g de azúcar granulado

200 ml de agua

sal

1 cucharadita de extracto de vainilla

25 g de mantequilla sin sal

60 ml de brandy o ron añejo

crema de leche espesa o helado de vainilla para servir

Precaliente el horno a 180 ºC. Engrase bien la fuente o el molde con mantequilla.

Mezcle el bicarbonato con los dátiles y vierta agua hirviendo por encima; deje enfriar.

Bata la mantequilla con el azúcar, añada los huevos y mezcle a fondo. Tamice juntos la harina, la levadura y la sal y mézclelos con la preparación anterior.

Agregue los dátiles, el jengibre, las cerezas y las nueces.

Reparta la mezcla en el molde y hornee 35 minutos. Refrigere el chocolate.

Prepare el almíbar para que lo tenga listo tan pronto como saque el pastel del horno.

Hierva los ingredientes del almíbar unos 6 minutos hasta obtener un líquido almibarado.

Retire la tarta del horno y pinche la superficie con un tenedor. Vierta por encima el almíbar enseguida y a continuación ralle el chocolate también por encima. Acompañe el pastel con la crema de leche o el helado.

SUGERENCIA: si lo desea, puede utilizar pacanas en vez de nueces.

Estrictamente hablando, éstas no son las verdaderas «tejas» doradas, que reciben su nombre de las tejas que dominan los tejados de la región de Provenza, Francia. Estas tejas de chocolate también son curvadas, pero su color ha cambiado. Son un acompañamiento perfecto para un helado o una *mousse* de chocolate.

TEJAS

DE CHOCOLATE

Tiempo de preparación: 10 minutos
Tiempo de refrigeración: 1 hora
Tiempo de cocción: 15 minutos
Necesitará: una placa de hornear antiadherente, preferiblemente de forma acanalada
Para 12 tejas

1 huevo grande

1 clara de huevo grande

125 g de azúcar lustre

25 g de harina

10 g de cacao en polvo

1 cucharadita de crema de leche espesa

25 g de mantequilla sin sal, derretida y enfriada

125 g de piñones y avellanas fileteadas

Bata el huevo y la clara en un cuenco. Agregue el azúcar lustre, la harina, el cacao, la crema y la mantequilla derretida, en este orden, y mezcle hasta obtener una preparación homogénea. Mézclela con los piñones y las avellanas fileteadas.

Vierta cucharadas colmadas de la mezcla sobre la placa, asegurándose de que están bien espaciadas, y refrigere durante 1 hora.

Precaliente el horno a 180 ºC.

Sumerja un tenedor en agua caliente, sacuda el exceso de agua y aplaste la mezcla en forma de discos con el dorso del tenedor.

Hornee 10 minutos o hasta que las «tejas» estén firmes y tengan un color homogéneo. Retírelas del horno y colóquelas sobre un rodillo para darles su forma curvada. Déjelas enfriar y guárdelas en un recipiente hermético.

SUGERENCIA: las «tejas» quedan maravillosas intercaladas hacia arriba y abajo, de la misma forma como se cubren los tejados.

Si necesita preparar esta receta para más de seis personas, duplique las cantidades pero emplee dos moldes. Esta saludable versión del brazo de gitano utiliza yogur en vez de crema y es deliciosa con casi cualquier fruta, si bien resulta especialmente atractiva si emplea uvas rojas y verdes o cualquier baya.

BRAZO DE MERENGUE
CON CHOCOLATE

Tiempo de preparación: 30 minutos
Tiempo de cocción: 45 minutos
Para 6-8 raciones

BRAZO DE GITANO:

4 claras de huevo grandes

225 g de azúcar blanquilla

2-3 cucharadas de azúcar lustre, para espolvorear

2 cucharadas de cacao en polvo, para espolvorear

500 ml de yogur griego entero

100 g de chocolate negro, como mínimo con un 60 % de cacao, picado en trozos pequeños

310 g de frambuesas

COULIS DE FRAMBUESAS:

225 g de frambuesas

45 g de azúcar lustre

Corte dos hojas de papel sulfurizado de forma que los lados sobresalgan unos 5 cm sobre las paredes de una placa para brazo de gitano. Engrase el papel con mantequilla y forre la placa con el mismo. Reserve el otro trozo.

Precaliente el horno a 100 ºC.

Bata las claras a punto de nieve. Continúe batiéndolas añadiendo gradualmente la mitad del azúcar. Bata hasta que la mezcla esté fuerte pero no seca. Incorpórele el resto del azúcar.

Reparta el merengue en el molde preparado, extendiéndolo hacia las esquinas. Cuézalo en el horno precalentado 40-45 minutos, hasta que esté ligeramente coloreado y al presionarlo con los dedos esté esponjoso. Déjelo enfriar 1 hora.

Para el *coulis*, reduzca a puré las frambuesas en la batidora y páselas sobre un tamiz dispuesto sobre un cuenco. Mezcle con azúcar lustre al gusto.

Coloque una lámina grande de papel sulfurizado sobre la superficie de trabajo y espolvoree con el azúcar lustre y el cacao en polvo. Dé la vuelta al merengue horneado (todavía con su papel) de forma que la parte superior quede hacia abajo en contacto con el azúcar lustre y el cacao. Retire cuidadosamente el papel.

Extienda el yogur sobre el merengue. Reparta los trozos de chocolate sobre el yogur y luego las frambuesas por encima. Enrolle cuidadosamente el merengue utilizando el papel inferior como soporte. Reserve el resto de azúcar lustre y cacao para espolvorear el brazo antes de servir. Refrigérelo hasta el momento de servir, pero no más de 5 horas. Acompáñelo con el *coulis* de frambuesas.

SUGERENCIA: no se preocupe si el merengue se cuartea ligeramente a medida que lo enrolla, quedará perfecto una vez espolvoreado con el azúcar lustre y el cacao reservados.

Jo Gilks dejó su lucrativo trabajo en la City de Londres por la comida. Siempre le había gustado cocinar, y ha conseguido forjarse una carrera muy diferente, aunque igualmente estresante, como chef. Su tarta de chocolate y pacanas se ha convertido en un dulce favorito de la cena de Acción de Gracias. Jo aconseja que no nos preocupemos por la textura desmenuzable de la pasta: ésta es difícil de extender, pero vale la pena.

TARTA DE CHOCOLATE
Y PACANAS DE JO

Tiempo de preparación: 35 minutos, más 25 minutos de enfriado
Tiempo de cocción: 1 hora 25 minutos
Necesitará: una tartera de fondo desmontable de 28 cm de diámetro
Para 8-10 raciones

PASTA:

275 g de harina

75 g de azúcar lustre

150 g de mantequilla sin sal fría

2 yemas de huevo grandes

RELLENO:

275 g de chocolate negro, como mínimo con un 60 % de cacao, troceado

200 g de pacanas descascarilladas, picadas

3 huevos grandes, batidos

225 g de azúcar moreno blando

250 ml de leche evaporada

1 cucharadita de extracto de vainilla

50 g de mantequilla, derretida

Para la pasta, tamice juntas la harina y el azúcar lustre y corte la mantequilla a dados.

Colóquelos en el robot y mézclelos, añadiendo las yemas al final para formar la pasta.

Extienda la pasta cuidadosamente. Necesitará poner bastante harina sobre la superficie de trabajo y el rodillo, pues se pega con facilidad. La pasta debe quedar muy fina. Levántela cuidadosamente de la tartera enrollándola en el rodillo y luego desenróllela sobre el molde, presionándola contra la base y las paredes, y recorte la pasta, pero deje que ésta sobresalga un poco del molde, pues se encogerá ligeramente. Refrigérela unos 30 minutos. Precaliente el horno a 180 ºC.

Hornee el fondo de tarta a ciegas forrando el molde con papel sulfurizado y llenándolo con legumbres secas unos 15 minutos.

Retire las legumbres y el papel y devuelva la pasta al horno otros 10 minutos o hasta que haya desarrollado un color claro. Retírela del horno y resérvela mientras prepara el relleno. Baje la temperatura del horno a 170 ºC.

Derrita el chocolate en un cuenco refractario dispuesto sobre un cazo con agua que empiece a hervir. Mezcle juntos el resto de ingredientes del relleno y luego mézclelos con el chocolate derretido. Reparta la mezcla en el fondo de tarta y devuélvala al horno durante 1 hora. Vigile la pasta y, si es necesario, cubra la tarta con papel de aluminio para que no se queme.

SUGERENCIA: puede utilizar cualquier legumbre seca para hornear a ciegas, ya sean judías rojas, blancas o arriñonadas, garbanzos o incluso arroz. Todo lo que hacen es poner peso sobre la pasta para que no suba durante el horneado. Una vez frías pueden utilizarse de nuevo una y otra vez.

MÍSTICO

El huracán Iris devastó Belice el 21 de octubre de 2001. Destruyó muchos hogares y cosechas y causó estragos
en el cacao que no resultó destrozado. Desde entonces, los cultivadores han plantado más árboles del cacao.
Este fruto ha sido horadado por un pájaro carpintero.

La apariencia de un suflé recién sacado del horno siempre reaviva las conversaciones en la mesa. Recuerde que el éxito de un suflé estriba en que suba, por lo que debe tener en consideración las indicaciones que aparecen al final de la página. Ésta es otra de las recetas infalibles de nuestra apreciada Jo Gilks.

SUFLÉ DE CHOCOLATE
CON SALSA DE CARAMELO

Tiempo de preparación: 20 minutos
Tiempo de cocción: 10-15 minutos
Necesitará: moldes refractarios individuales de 6 x 6 cm
Para 6 raciones

1 cucharadita de mantequilla sin sal

1 cucharada de azúcar blanquilla

1 cucharada de cacao en polvo

SUFLÉ:

100 g de chocolate negro, como mínimo con un 60 % de cacao, troceado

60 g de cacao en polvo

8 claras de huevo

60 g de azúcar blanquilla

SALSA DE CARAMELO:

100 g de chocolate relleno de caramelo, troceado

1 cucharada de crema de leche espesa

Precaliente el horno a 190 ºC.

Para preparar los moldes, derrita la mantequilla y pincele el interior de los moldes. Mezcle el azúcar con el cacao y espolvoréelos en el interior de cada molde hasta que estén recubiertos, sacuda el exceso. Reserve.

Derrita el chocolate en un cuenco refractario dispuesto sobre un cazo con agua que empiece a hervir.

Mezcle en un cazo el cacao con 150 ml de agua fría y lleve a ebullición, batiendo sin cesar. Hierva 10 segundos. Transfiera la preparación a un cuenco grande y mezcle con el chocolate derretido.

Prepare la salsa de caramelo para que esté lista en el momento de servir el suflé. Ponga el chocolate y la crema en un cuenco refractario dispuesto sobre un cazo con agua que empiece a hervir. Mezcle antes de servir.

Continúe con los suflés, batiendo las claras hasta que formen picos blandos. Agrégueles el azúcar y continúe batiendo hasta que estén a punto de nieve. Agregue un cuarto de las claras a la mezcla de cacao y mezcle bien. Incorpore con cuidado el resto de las claras con una cuchara metálica procurando no romper el aire.

Llene los moldes preparados con la mezcla de suflé hasta el borde y alise la superficie con un cuchillo paleta. Pase su dedo pulgar alrededor del borde de cada molde, apartando la mezcla hacia dentro para que no se pegue a los bordes y suba de un modo uniforme.

Hornee los suflés unos 10-15 minutos. Retírelos del horno, vierta un poco de salsa caramelo por encima de cada suflé y sírvalos enseguida.

SUGERENCIA: al pincelar los moldes con mantequilla derretida, hágalo desde la base y subiendo hacia el borde de las paredes; parece que esto hace que el suflé suba de forma regular. Recuerde que no debe abrir la puerta del horno mientras el suflé se cuece, pues la entrada de aire frío provocaría que quizás no subiera tanto como usted desea.

Cada una de las *mousses* que presentamos es un poco diferente de la siguiente, algunas veces por la textura y en otras por un sabor sorpresa. Sólo la *mousse* de chocolate y hierba limonera precisa más de 25 de minutos de preparación y como máximo 6 horas para cuajar.

MOUSSE
SIN HUEVO

Enfríela un mínimo de 2 horas. Para 4-6 raciones

200 g de chocolate negro, como mínimo con un 60 % de cacao, troceado

400 ml de leche de coco, enlatada

2 hojas de gelatina

2 cucharadas colmadas de azúcar lustre

2 cucharaditas de extracto de vainilla

Derrita el chocolate en un cuenco refractario dispuesto sobre un cazo con agua que empiece a hervir. Caliente a fuego lento la leche de coco, añada las hojas de gelatina y remueva hasta que se hayan disuelto. Tamice el azúcar lustre y añádalo a la leche de coco, removiendo para disolverlo. Finalmente, incorpore la esencia de vainilla y el chocolate derretido y mezcle bien. Espolvoree con el cacao en polvo y decore con granos de café tostados o piñones tostados.

MOUSSE
LIGERA Y OSCURA

Enfríela 1 hora como mínimo. Para 6 raciones

200 g de chocolate negro, como mínimo con un 60 % de cacao, finamente picado

50 ml de leche completa

2 yemas de huevo grandes

$^1/_2$ cucharadita de extracto de vainilla

4 claras de huevo grandes

40 g de azúcar blanquilla

Derrita el chocolate y la leche en un cuenco refractario dispuesto sobre un cuenco con agua que empiece a hervir. Mezcle bien, retire y deje entibiar. Mezcle las yemas con el chocolate hasta que estén bien amalgamadas; luego incorpore, removiendo, el extracto de vainilla. Bata las claras hasta que formen picos blandos. Agrégueles el azúcar gradualmente y continúe batiendo hasta que la mezcla quede espesa y brillante. Mezcle un cucharón de claras con la preparación de chocolate para aligerarla y luego incorpore el resto con cuidado. Transfiera la mezcla al recipiente elegido y refrigere una hora como mínimo.

SUGERENCIA: utilice siempre los huevos a temperatura ambiente. No bata las claras en exceso y recuerde que debe utilizar un cuenco limpio. Emplee el chocolate derretido mientras todavía esté caliente al tacto. No deje que la mezcla de yemas y chocolate derretido se enfríe demasiado, pues sería dificultoso incorporarle las claras.

MOUSSE DE CHOCOLATE BLANCO Y CARDAMOMO

DE NIGEL SLATER

Enfríela 4 horas. Para 6-8 raciones

8 cápsulas de cardamomo verde

100 ml de leche

3 hojas de laurel

250 g de chocolate blanco de calidad, troceado

300 ml de crema de leche espesa

3 claras de huevo grandes

cacao en polvo para espolvorear

Abra las cápsulas de cardamomo y extraiga las semillas. Aplástelas ligeramente y póngalas en un cazo con la leche y el laurel. Caliente la mezcla suavemente hasta que casi esté a punto de hervir, retírela del fuego y déjela en infusión. Derrita el chocolate en un cuenco refractario dispuesto sobre un cazo con agua que empiece a hervir. Tan pronto como empiece a derretirse, apague el fuego y deje el cuenco sobre él. Bata la crema hasta que empiece a montarse, no debe quedar del todo montada. Bata las claras hasta que estén a punto de nieve. Una vez que el chocolate esté derretido, retírelo del fuego y tamice por encima la mezcla de leche caliente. Mezcle bien hasta obtener una crema aterciopelada. Mezcle una cucharada de las claras con el chocolate y luego incorpore el resto con cuidado con una cuchara grande metálica. Mezcle a continuación con la crema batida. Reparta la preparación en las tazas o cuencos y refrigere 4 horas. Espolvoree con cacao justo antes de servir.

MOUSSE DE CHOCOLATE NEGRO
CON CAFÉ

Enfríela como mínimo 6 horas. Para 6 raciones

150 g de chocolate negro, como mínimo con un 60 % de cacao, troceado

2 cucharadas de café filtrado

60 g de mantequilla sin sal

3 huevos grandes, separados

3 cucharadas de azúcar blanquilla

cacao en polvo

Derrita el chocolate con el café y la mantequilla en un cuenco refractario dispuesto sobre un cazo con agua que empiece a hervir. Retírelo del fuego y remueva. Mezcle con las yemas de huevo hasta obtener una preparación homogénea. Bata las claras hasta que formen picos blandos, agrégueles el azúcar y bata hasta que estén espesas y brillantes. Incorpore un cucharón al chocolate y luego agregue el resto con cuidado para retener el aire y asegurarse de que no quedan manchas blancas en el merengue. Reparta la preparación en un cuenco grande o 6 individuales y refrigere 6 horas. Espolvoree con cacao en polvo justo antes de servir, pero no devuelva la *mousse* a la nevera, pues el cacao absorbería humedad.

Durante la década de 1970, una familia francesa proporcionó a Angela Dempsey esta receta. Desde entonces le ha añadido grosellas negras y miel, y se ha convertido en uno de los postres favoritos de su familia.

MOUSSE DE CHOCOLATE
CON GROSELLAS NEGRAS

Enfríela 1 hora como mínimo. Para 4-6 raciones

4 cucharadas de grosellas negras, sin los tallos, o envasadas y escurridas

1 cucharadita de miel clara

150 g de chocolate negro de avellanas y pasas u otro buen chocolate de frutas y frutos secos

5 claras de huevo

25 g de azúcar blanquilla

2 yemas de huevo

Caliente lentamente las grosellas con la miel. Una vez ablandadas, retírelas del fuego y déjelas enfriar. Derrita el chocolate en un cuenco refractario dispuesto sobre un cazo con agua que empiece a hervir y deje entibiar un poco. Bata las claras hasta que formen picos blandos y agrégueles el azúcar. Continúe batiéndolas hasta que espesen y estén brillantes. Mezcle las yemas con el chocolate derretido y luego incorpore un tercio de las claras. Añada con cuidado el resto de las mismas. Reparta las grosellas por las bases de los recipientes donde vaya a servir la *mousse* y luego vierta ésta por encima. Refrigere 1 hora como mínimo antes de servir.

MOUSSE DE CHOCOLATE BLANCO

Enfríela un mínimo de 4 horas. Para 4-6 raciones

400 g de chocolate blanco de calidad, troceado

3 hojas de gelatina

700 ml de crema de leche espesa

5 yemas de huevo grandes

125 g de azúcar lustre

3-4 cucharadas de Grand Marnier

Derrita el chocolate en un cuenco refractario dispuesto sobre un cazo que empiece a hervir. Disuelva la gelatina en dos cucharadas de crema de leche caliente. Bata las yemas, el azúcar y el Grand Marnier, la mezcla de crema de leche y gelatina y el chocolate derretido, y remueva a fondo. Bata el resto de la crema de leche hasta que esté espesa e incorpórela con cuidado a la preparación anterior. Vierta la *mousse* en un molde grande o en individuales y déjela enfriar durante 4 horas. Esta *mousse* es deliciosa acompañada con un *coulis* de frambuesas y unas pastas, o vertiendo por encima una capa de chocolate negro derretido que se debe dejar cuajar.

SUGERENCIA: recuerde que debe emplear una cuchara metálica al incorporar las claras a la mezcla. De esta forma no rompe el aire de las claras y la *mousse* permanece ligera y esponjosa.

Rachel Green dirige su propio negocio cocinando tanto para cuatro personas como para cuatrocientas. Ha cocinado muchas veces para la familia real inglesa y ha producido recientemente un programa para la BBC. Elegimos esta receta durante una demostración en apoyo a la Bosnian Support Fund, una organización caritativa que ayuda a las necesidades de los refugiados bosnios. Rachel es hija de un granjero de Lincolnshire y promociona y defiende los productos regionales.

MOUSSE

DE CHOCOLATE Y HIERBA LIMONERA

Tiempo de enfriado: 2 horas
Para 6 raciones

3 tallos de hierba limonera

200 ml de leche

270 g de chocolate con leche, preferiblemente con el 34 % de cacao, troceado

1¹/₂ hojas de gelatina

50 g de azúcar blanquilla

300 ml de crema de leche espesa

Pique finamente la hierba limonera en trozos pequeños, pásela por el robot o la picadora o májela en el mortero. Vierta la leche en un cazo grande de fondo grueso, añada la hierba limonera y lleve a ebullición. Retírela del fuego y déjela en infusión 1 hora. Derrita el chocolate en un cuenco refractario dispuesto sobre un cazo con agua que empiece a hervir. Bata el azúcar y la gelatina con la leche y ponga la mezcla a fuego lento, removiendo sin cesar, hasta que la gelatina se haya derretido. Retírela del fuego y mézclela con el chocolate derretido. Déjela enfriar ligeramente. Pase la preparación a través de un tamiz para retirar la hierba limonera. Déjela enfriar por completo. Bata la crema en un cuenco hasta que empiece a espesarse, pero sin que esté demasiado dura. Incorpórela con cuidado a la mezcla de chocolate y reparta la preparación en los recipientes elegidos.

SUGERENCIA: deje cuajar primero la *mousse* en un cuenco grande antes de transferirla a recipientes individuales, y luego con una cuchara y un dedo limpio puede darle la forma deseada antes de adornarla.

Ésta es una de aquellas recetas que tanto gustan como se aborrecen. Es irresistible si le encanta el Toblerone o las *mousses* dulces y constituye la prueba definitiva de si cuenta o no con un paladar dulce.

MOUSSE

DE CHOCOLATE Y NOUGAT

Tiempo de enfriado: 6 horas
Para 6 raciones

295 g de chocolate Toblerone, troceado; reserve un trozo para la decoración

6 cucharadas de agua hirviendo

275 ml de crema acidificada

2 claras de huevo

Ponga el chocolate y el agua hirviendo en un cuenco refractario dispuesto sobre un cazo con agua que empiece a hervir y deje que el chocolate se enfríe lentamente. Retírelo del fuego, déjelo enfriar hasta que se espese y mézclelo con la crema acidificada. Bata las claras a punto de nieve y mézclelas con cuidado con la preparación anterior. Refrigere 6 horas como mínimo.

Una vez retirados del fruto, los granos de cacao se tuestan por encima de los 100 °C para que desarrollen el sabor y el color característicos del cacao.

Los granos tostados se muelen a continuación para producir la masa de cacao (o licor de cacao), formado por partículas de cacao suspendidas en un 50-55 % de manteca de cacao.

La masa de cacao se transforma en chocolate mediante su posterior procesamiento y la incorporación de otros ingredientes. También puede separarse en cacao en polvo y manteca de cacao líquida.

El término «tanto por ciento de cacao» se utiliza para describir la cantidad total de material derivado del cacao en el chocolate terminado. El porcentaje, o tanto por ciento de cacao, declarado en una tableta de chocolate puede referirse a una combinación de masa de cacao y manteca de cacao adicional, como ocurre en la mayoría de tabletas de chocolate, de manteca de cacao, en el caso del chocolate blanco, o sólo masa de cacao, pero éste se utiliza raramente por sí mismo.

Masa de cacao

Manteca de cacao

Cacao en polvo

MÍSTICO

Esta receta fue creada por Eric Charot, cuyo restaurante Interlude de Charot, situado en Charlotte Street, en Londres, ganó una estrella Michelin al cabo de once meses de su apertura. Se trata de una sopa inusual que descubrimos cuando el equipo de márketing de New Covent Garden Soup Co. «buscaba» nuevas recetas. Comer fuera es siempre una de las partes más divertidas de su trabajo, vital para el proceso creativo.

SOPA
DE CHOCOLATE

Tiempo de preparación: 30 minutos
Tiempo de enfriado: 2 horas
Necesitará: una batidora eléctrica
Para 6 raciones

725 ml de leche

250 ml de crema de leche espesa

500 g de chocolate negro, como mínimo con un 60 % de cacao, groseramente picado

50 g de azúcar blanquilla

1 cucharada de agua

8 yemas de huevo grandes

200 ml de crema de leche espesa

6 cucharadas de avellanas peladas

la cáscara de 1 naranja, finamente rallada

6 cucharaditas de Grand Marnier

Ponga a hervir la leche y la crema de leche y añádales el chocolate. Reserve.

Para preparar un almíbar caliente el azúcar con el agua. Cuando el azúcar se haya derretido, lleve a ebullición y hierva 1 minuto. Bata las yemas e incorpóreles gradualmente el almíbar caliente por encima batiendo sin cesar.

Una vez haya incorporado el azúcar, continúe batiendo hasta que la preparación se haya enfriado. Habrá doblado de volumen. Incorpórele la crema batida.

Mezcle la preparación de huevo con la salsa de chocolate. Distribúyala en recipientes individuales.

Precaliente el horno a 200 °C.

Tueste las avellanas en una placa en el horno. Vigílelas al cabo de 7 minutos, pues se queman con facilidad.

Deje enfriar la sopa de chocolate al menos durante 2 horas.

Pique groseramente las avellanas y espárzalas sobre la sopa junto con la cáscara de naranja rallada. Rocíe con el Grand Marnier justo antes de servir a modo de entrante.

SUGERENCIA: en vez de añadir el Grand Marnier y las avellanas
sobre la sopa, puede verter el licor en el fondo del recipiente,
y luego un poco de sopa, seguida por unas cuantas avellanas, y a continuación del resto de la sopa.

Inspirada por la popularidad de las tartas, Isobel Wakemen transformó su *mousse* de chocolate y naranjas agrias en esta tarta moruna, que alegra los fríos días invernales, cuando las naranjas agrias de Sevilla, con sus pieles gruesas y nudosas y su sabor amargo, son una delicia estacional.

TARTA
MORUNA

Tiempo de preparación: 30 minutos
Tiempo de cocción: 40 minutos
Tiempo de enfriado: 3 horas
Necesitará: una tartera de 20 cm

PASTA:

175 g de harina

40 g de azúcar lustre

125 g de mantequilla sin sal

la cáscara rallada de 1 naranja agria o de Sevilla (reserve la naranja para el relleno)

1 huevo grande, batido

RELLENO:

150 g de chocolate negro, como mínimo con un 60 % de cacao, troceado

225 ml de crema de leche espesa

4 yemas de huevo grandes

50 g de azúcar blanquilla dorado

el zumo de 1 naranja agria o de Sevilla

Precaliente el horno a 190 °C.

Para la pasta, pase por el robot la harina, el azúcar lustre, la mantequilla y la cáscara de naranja o frote los ingredientes entre las yemas de los dedos. Agregue el huevo batido y mezcle bien hasta que los ingredientes se unan formando una bola. Envuélvala en papel sulfurizado y déjela reposar en la nevera 30 minutos.

Extienda la pasta sobre la superficie de trabajo ligeramente enharinada y forre con ella la tartera. Pinche la base con un tenedor y cúbrala con papel sulfurizado y legumbres secas para hornear. Hornee la tarta a ciegas durante 20 minutos, luego retire las legumbres y el papel y hornee 10 minutos más. Retírela del horno y déjela enfriar.

Ponga el chocolate y la crema en un cuenco refractario dispuesto sobre un cazo con agua que empiece a hervir.

Para preparar el relleno, bata las yemas y el azúcar hasta que la mezcla blanquee y esté esponjosa. Mezcle con el chocolate derretido y la crema y luego añada la mezcla de huevo. Ponga de nuevo el cuenco sobre el cazo con agua que empiece a hervir y remueva hasta que la mezcla se espese. Añada el zumo de naranja y remueva 2-3 minutos más o hasta que la mezcla se espese de nuevo, pero no deje que hierva. Viértala en el fondo de la pasta y déjela enfriar hasta que cuaje.

SUGERENCIA: las naranjas agrias se congelan bien, por lo que si va a emplearlas directamente del congelador, tenga la precaución de rallar la cáscara antes de que se descongelen.

KUKUH
O XOCOLATL

Theobroma, el género al que pertenecen todos los árboles del cacao, significa literalmente «alimento de los dioses», del griego *theos* para «dios», y *broma*, que significa «comida o bebida». El naturalista sueco Carolus Linnaeus dio este nombre a dicho árbol en tributo a la bebida maya y azteca.

En México, los frutos del cacao se empleaban como divisa y «el alimento de los dioses» se encontraba también en el corazón de muchos rituales y ceremonias. El *xocolatl* o *kukuh*, la bebida aromática de cacao, era muy apreciada por Moctezuma II, el emperador de los aztecas que vivió en el siglo XVI, y que lo bebía como potente afrodisíaco. Se trata de una infusión simple, especiada con chile y espesada con maíz molido.

En un viaje reciente a Belice, ofrecieron a Cluny Brown, nuestro director de márketing, un cuenco de *kukuh*, y le indicaron además la forma de preparar esta bebida refrescante ligeramente aguada. Los granos del cacao se tuestan en un comal, una parrilla lisa, hasta que caen sus pieles; luego se muelen con un poco de maíz y pimienta negra molida o chiles secos tostados. Se añade un poco de azúcar, aunque en los tiempos de los antiguos mayas se empleaba miel de bosque. La bebida puede servirse caliente, tibia o fría, y dado el clima extremadamente caluroso y húmedo de Belice es deliciosa fría y constituye una versión completamente diferente de la bebida que se disfruta en los fríos días invernales.

Auzibio Sho, que trabaja en la Asociación de Cultivadores de Cacao de Toledo, en el sur de Belice, asegura que no sólo es buena para el bienestar en general, sino que es fantástica para incentivar el trabajo. El *kukuh* se consume también para obtener salud y energía y se da a los enfermos y a quienes deben trabajar duro.

Para preparar esta bebida revitalizadora, tome un puñado de habas de cacao y tuéstelas sobre la parrilla. Abra las cáscaras y retire los granos de cacao. Muela los granos en un mortero hasta obtener una pasta lisa y luego mézclela con un poco de pimienta negra molida y maíz molido. Tome una cucharadita de la pasta y añádale agua suficiente para obtener un vaso grande. Endulce con azúcar al gusto. Los mayas varían esta bebida añadiendo especias como canela, pimienta de Jamaica y nuez moscada.

SUGERENCIA: tenga en cuenta que el *kukuh* es una bebida muy diferente
a nuestro chocolate caliente, dulce y cremoso.

Este pastel ligero y esponjoso tiene el sabor del chocolate y las almendras, lo que, junto con el gusto y textura de los higos, hace que se transforme en algo inolvidable. Rachael Vingoe nos envió esta receta inspirada en un pastel que hornea cada Navidad.

PASTEL DE CHOCOLATE, HIGOS Y ALMENDRAS

Tiempo de preparación: 20 minutos
Tiempo de horneado: 50 minutos
Necesitará: un molde de base desmontable de 23 cm de diámetro

150 g de higos secos listos para comer

3 cucharadas de Amaretto

250 g de mantequilla sin sal

250 g de azúcar vainillado

75 g de almendras molidas

100 g de harina

4 huevos grandes

200 g de chocolate negro, como mínimo con un 60 % de cacao, picado

3 cucharadas colmadas de cacao en polvo

100 g de almendras enteras peladas

Precaliente el horno a 180 °C. Engrase el molde con mantequilla y fórrelo con papel sulfurizado.

Retire los tallos duros de los higos y píquelos en el robot a trozos muy pequeños. Póngalos en un cuenco pequeño y vierta el Amaretto por encima. Reserve.

Bata la mantequilla con el azúcar hasta que la mezcla blanquee y esté esponjosa. Mezcle las almendras molidas con la harina en otro cuenco. Bata los huevos y añádalos poco a poco a la mezcla de mantequilla, batiendo bien tras cada adición. (Si utiliza una batidora eléctrica debe ponerla a velocidad mínima.) Agregue luego las almendras y la harina, un tercio cada vez, batiendo suavemente.

Incorpore a la preparación el chocolate picado, los higos y el Amaretto y mezcle bien.

Reparta la mezcla en el molde y alise la superficie con un cuchillo paleta. Espolvoree la superficie uniformemente con 2 cucharadas colmadas de cacao. Coloque las almendras enteras encima y hornee el pastel 40-50 minutos o hasta que esté firme al tacto y al insertar una broqueta en el centro salga limpia. Déjelo enfriar y pase por un tamiz de malla fina el resto del cacao por encima justo antes de servir.

SUGERENCIA: acompañe con coco recién picado, mezclado con crema batida.

Si va a París, mímese tomando un té en los bonitos salones de Ladurée, situados en los Campos Elíseos. No se asuste por las colas y no abandone el establecimiento sin haber adquirido una caja exquisitamente envuelta de los *macaroons* más famosos de París.

MACAROONS
DE CHOCOLATE

Tiempo de preparación: 20 minutos
Tiempo de cocción: 10-12 minutos
Necesitará: 2 placas para hornear grandes, una manga pastelera provista con una boquilla de 2 cm de diámetro

125 g de almendras molidas

25 g de cacao en polvo

250 g de azúcar lustre

4 yemas de huevo grandes, a temperatura ambiente

$^1/_4$ de cucharadita de extracto de vainilla

10 g de cacao en polvo, para espolvorear

GANACHE:

trufas de Micah (*véase* pág. 147)

Precaliente el horno a 240 °C.

Engrase las placas con mantequilla y fórrelas con papel sulfurizado dejando que sobresalga unos 2,5 cm en cada extremo. Prepare la manga pastelera y la boquilla.

Tamice juntas las almendras, el cacao y 225 g de azúcar lustre (reserve 25 g del azúcar para las claras).

Es importante que tenga la cantidad correcta de claras para que esta receta funcione; así pues, pese exactamente 100 g de claras, y añada con cuidado parte de la cuarta clara a las tres anteriores. La mejor forma de hacerlo es batir la cuarta en un cuenco con un tenedor y luego añadir el peso que sea necesario al resto. Bata las claras hasta que estén ligeras y esponjosas, añádales los 25 g de azúcar lustre reservado y continúe batiendo hasta que estén firmes y brillantes, pero no secas. Mézclelas cuidadosamente con los ingredientes secos y deje reposar la mezcla 10 minutos.

Agregue el extracto de vainilla a la preparación, dejando que se deshinche un poco. Esto ayudará a que su superficie no se cuartee. Vierta la mezcla en la manga pastelera provista con la boquilla y forme sobre las placas preparadas redondeles del tamaño de una nuez. Golpee la base de las placas sobre una superficie plana para retirar un poco de aire de la preparación. Espolvoree con un poco de cacao en polvo.

Ponga la primera placa en el estante superior del horno y hornee 1 minuto; reduzca la temperatura a 180 °C. Cueza los *macaroons* otros 10-12 minutos más o hasta que estén cocidos, pero no cuajados, y todavía blandos al tacto.

Al cabo de un minuto de retirar la placa del horno, levante con cuidado un extremo del papel y vierta un poco de agua caliente por debajo del mismo. La placa caliente provoca que el agua se transforme en vapor, lo que facilita que pueda retirar los *macaroons*. Sepárelos con cuidado del papel y póngalos sobre una rejilla para que se enfríen. Repita el proceso con la segunda tanda.

Una vez los *macaroons* se hayan enfriado, únalos de dos en dos con la *ganache*.

SUGERENCIA: el secreto consiste en emplear claras «viejas», conservadas al menos una semana en la nevera sin tapar.

Dodi Miller es una apasionada de los chiles y el *alma mater* de la empresa que ha conseguido que en Gran Bretaña se encuentren la mayor variedad posible de chiles de la mejor calidad. También le gusta su mole poblano, del que nos dice que puede necesitar un par de días de preparación. Se cocina para las personas que uno aprecia, generalmente durante las festividades. Hay muchas clases de moles: verde, rojo, amarillo y negro, pero el poblano, que lleva chocolate, es el más famoso. El chocolate se emplea a modo de especia, atenúa el chile y aporta a la salsa su densidad.

MOLE POBLANO
DE GUAJOLOTE

Tiempo de preparación: 2 horas
Tiempo de cocción: 1¹/₂ horas. Mejor degustarlo al día siguiente
Necesitará: una olla, una cacerola refractaria grande
Para 8-10 raciones. Para 12-16, utilice un pavo de 4,5-5,5 kg y doble las cantidades del molde

un pavo de 2,5-3 kg (o un pollo grande: la cocción lenta y prolongada es apropiada para las aves robustas camperas)

CALDO:

1 cebolla

1 zanahoria

1 tallo de apio

1 hoja de laurel

tomillo seco

sal

pimienta

MOLE:

1 tomate grande, asado bajo el grill o sobre la llama, pelado y sin el corazón

2 cucharadas de semillas de sésamo, tostadas en seco

2 cucharadas de semillas de coriandro, tostadas en seco

40 g de chocolate negro, como mínimo con un 60 % de cacao, rallado

125 g de chiles mulato

40 g de chiles ancho

30 g de chiles pasilla

75 ml de grasa de pato u oca, o manteca de cerdo, derretida, o aceite vegetal

40 g de almendras enteras, con su piel

40 de pasas

1 cebolla pequeña, pelada y picada

2 dientes de ajo, pelados y picados

2 clavos enteros (o una pizca de molidos)

5 granos de pimienta (o ¹/₄ de cucharadita de pimienta negra molida)

¹/₂ cucharadita de canela molida

2 tortillas de maíz duras o 2 trozos de pan duros (o 2 cucharadas de masa harina)

1 cucharadita de sal

2 cucharadas de azúcar

¹/₄ de cucharadita de anís molido (o 1 anís estrellado)

semillas de sésamo, para adornar

Pida a su carnicero que le trocee el pavo, pero reserve la carcasa y los menudillos para preparar el caldo. También puede hacerlo usted mismo: retire las alas, los muslos y los contramuslos y las pechugas con los huesos, envuélvalos y refrigérelos. Ponga la carcasa, los alones y los menudillos en una olla, cúbralos con agua y agregue la cebolla, la zanahoria, el apio, la hoja de laurel, una pizca de tomillo seco, sal y pimienta. Cueza 2 horas a fuego lento con el recipiente parcialmente tapado, cuele y obtendrá un caldo sabroso.

Para el mole, pique el tomate asado y póngalo en un cuenco con las semillas de sésamo tostadas y coriandro y el chocolate rallado.

Para preparar los chiles secos, límpielos con un paño húmedo. Retire el tallo y pase un dedo a lo largo de un lado para abrirlo y aplanarlo; retire las semillas y las membranas internas. Prepare una pila con los chiles planos. Caliente 2 cucharadas de la grasa derretida o el aceite en una sartén dispuesta a fuego medio-alto. Fría los trozos de chile de uno en uno, sólo unos segundos por cada cara; se oscurecerán. No los fría demasiado, pues quedarán muy amargos. Escúrralos sobre la sartén y póngalos en un cuenco. Cuando los haya frito todos, cúbralos con agua recién hervida y sumérjalos con ayuda de otro cuenco. Déjelos en remojo 1 hora y luego escúrralos.

Utilizando el aceite en el que frió los chiles, y añadiendo un poco más si fuese necesario, fría las almendras hasta que estén doradas, escúrralas y agréguelas al cuenco con el tomate. Fría luego las pasas hasta que se hinchen, escúrralas y añádalas al cuenco; luego fría las cebollas y el ajo hasta que estén dorados, escúrralos e incorpórelos al cuenco. Agregue los clavos, la pimienta negra y la canela, fría 1 minuto y añádalos también al cuenco. Por último, trocee las tortillas, fríalas, escúrralas e incorpórelas a la mezcla de tomate. O bien mezcle la masa de harina con un poco del tomate y luego con el resto. Añada un poco más de aceite si fuese necesario.

Vierta un tercio de la mezcla de tomate en la batidora junto con unos 75 ml de caldo y bata hasta que la preparación quede homogénea. Tamícela sobre un cuenco limpio y repita el proceso con la mezcla de tomate. Debe obtener una pasta espesa con sólo el caldo necesario para que pueda mezclarse con facilidad.

Luego reduzca los chiles a puré, un cuarto cada vez, con 75 ml del caldo; bata hasta que estén bien mezclados. Tamice la mezcla sobre otro cuenco. Repita la operación hasta que haya empleado todos los chiles.

Seque los trozos de pavo con papel de cocina. Caliente 2 cucharadas del aceite reducido en una cacerola de paredes altas y dore la carne uniformemente, trabajando por tandas si fuese necesario. Transfiera los trozos a una cacerola refractaria.

Cuando haya terminado, tire todo el aceite, excepto una película muy fina. Agregue el puré de chiles y, sin dejar de remover, déjelo hervir, oscurecer y espesar. Necesitará unos 5 minutos. Luego agregue la preparación de tomate y cueza unos 2 minutos a fuego lento. Vierta 700 ml del caldo, baje el calor y cueza la salsa 45 minutos a fuego lento. Agréguele 1 cucharadita de sal y 2 cucharadas de azúcar al gusto. La salsa debe recubrir el dorso de una cuchara; añada un poco más de caldo si fuese demasiado espesa.

Precaliente el horno a 180 °C. Vierta la salsa sobre el pavo, añada el anís o anís estrellado, cubra con una tapa o papel de aluminio y hornee $1^1/_2$ horas o hasta que el pavo esté tierno.

Sírvalo espolvoreado con semillas de sésamo tostadas, acompañado con arroz, tortillas de maíz y una ensalada de berros. Sea generoso con la salsa sobre el pavo.

SUGERENCIA: para más información sobre esta receta puede contactar con The Cool Chile Co. en el teléfono 0870 902 1145, fax: 0870 162 3923, e-mail: orders@coolchile.co.uk

PECAMINOSO

El bosque tropical húmedo es el lugar perfecto para el árbol del cacao, que gusta de un suelo rico, humedad y sombra.
Es raro que *Theobroma cacao* crezca más allá de los 20° N y 20° S del ecuador.

Angela Reid recuerda que preparaba esta receta con su abuela a finales de septiembre, cuando decantaban sus ciruelas en ginebra para hacer sitio para la próxima cosecha. El fruto obtenido era tan bueno que no podía desecharse. Ésta es la receta favorita de Angela para aprovechar estas ciruelas en alcohol. Por si no va a utilizar sus propias ciruelas en alcohol, hemos adaptado la receta para que pueda emplearlas frescas.

POSTRE DE CIRUELAS
BORRACHAS

Tiempo de preparación: 20 minutos si tiene ciruelas en ginebra, 2 horas 20 minutos si las prepara
Tiempo de cocción: 12 minutos para una fuente, 6 minutos para moldes individuales refractarios (*ramekins*)
Necesitará: una tartera de 20 cm u 8 *ramekins*
Para 8 raciones

CIRUELAS BORRACHAS:

(si prepara sus propias ciruelas en ginebra) 8 ciruelas grandes, deshuesadas y partidas

2 cucharadas de agua

50 g de azúcar blanquilla

4 cucharadas de ginebra

RELLENO:

100 g de azúcar blanquilla

8 huevos medianos

500 g de chocolate negro, como mínimo con un 60 % de cacao, troceado

250 g de mantequilla sin sal

200 g de ciruelas en ginebra deshuesadas (si no utiliza las anteriores)

Precaliente el horno a 200 °C. Engrase con mantequilla la tartera o los moldes individuales.

Para preparar las ciruelas borrachas, escálfelas suavemente en el agua con el azúcar durante 10 minutos. Retírelas del calor, mézclelas con la ginebra y déjelas enfriar y macerar unas 2 horas.

Bata juntas las yemas con el azúcar hasta que la mezcla blanquee y quede cremosa. Derrita el chocolate y la mantequilla en un cuenco refractario dispuesto sobre un cazo con agua que empiece a hervir. Incorpore esta mezcla a la fruta escurrida y a la preparación de yemas. Mezcle y vierta en el molde o divida entre los moldes individuales, asegurándose de que haya fruta en cada uno.

Hornee 12 minutos para la tartera o 6 minutos para los moldes individuales, hasta que la preparación esté firme al tacto pero todavía blanda. Déjela enfriar y acompáñela con su crema favorita.

SUGERENCIA: si le tienta verter un poco de ginebra sobre la preparación,
tenga en cuenta que es muy fuerte y enmascarará el sabor de la fruta y del chocolate.

PECAMINOSO

Cuando preparamos nuestro chocolate negro con un 70 % de cacao, empezamos a mezclar la masa de cacao con azúcar de caña crudo y vainilla Bourbon, siguiendo nuestra receta especial.

Esta mezcla se refina a continuación a través de una serie de rodillos que muelen las partículas de cacao, el azúcar y la vainilla tan finamente que el paladar no las percibe. Este proceso continúa desarrollando el sabor del chocolate.

El siguiente paso, que no debe realizarse con prisas, es de vital importancia en la producción de un chocolate de calidad. El chocolate se coloca en un recipiente llamado «concha», que en los primeros prototipos tenía esa forma. Este proceso se denomina *conchage* y controla la temperatura y lo remueve para conferirle una textura homogénea y aterciopelada. Los ácidos volátiles se escapan, por lo que el sabor del chocolate madura.

Al final del proceso de *conchage*, se añade manteca de cacao adicional para que el chocolate quede bien fino y pueda derretirse en la boca con facilidad.

Algunos chocolates utilizan grasas más económicas derivadas del aceite de palma y otras nueces, que dejan una capa grasa en la boca.

El último placer tras una larga caminata en un día frío es este chocolate caliente, que también puede prepararse omitiendo la canela y la crema, aunque entonces la bebida no será tan opulenta.

CHOCOLATE
DE LUJO

Tiempo de preparación: 15 minutos
Para 1 tazón

200 ml de leche entera

2 cucharadas de crema de leche espesa

2 trozos de canela en rama de unos 5 cm

3 cucharaditas de cacao en polvo

2 cucharaditas de azúcar de caña sin refinar

Ponga en un cazo la leche, la crema y la canela y lleve lentamente a ebullición. Para obtener un sabor más pronunciado a canela, deje en infusión la leche y la crema 10 minutos, una vez hayan hervido y haya apagado el fuego. Caliente de nuevo la mezcla antes de verterla en el tazón. Si lo hace así, no necesitará dejar la canela en rama en la bebida finalizada.

Mezcle el cacao con un chorrito más de leche en un tazón para formar una pasta.

Vierta la mezcla de leche recién hervida sobre un tamiz dispuesto sobre el tazón y mezcle bien con el cacao.

Agregue el azúcar y remueva a fondo.

Saque los trozos de canela en rama del tamiz y póngalos en el tazón sumergidos en el chocolate caliente, si lo desea.

SUGERENCIA: si le gusta el cardamomo, puede sustituir la canela por las semillas internas de dos cápsulas de cardamomo verde, que deberá aplastar ligeramente con el dorso de una cuchara. Deje infusionar las semillas en el líquido 10 minutos antes de recalentarlo, y cuele luego la mezcla sobre el tazón.

El chocolate blanco es una de aquellas cosas que gustan o se aborrecen. Pero si emplea un buen chocolate preparado con vainilla auténtica y manteca de cacao tendrá un sabor muy diferente de aquellos a los que la mayor parte de la gente está acostumbrada. No es una casualidad que a los niños les encante esta receta de Jenny Phillips.

PASTEL DE
PLÁTANO Y CHOCOLATE BLANCO

Tiempo de preparación: 20 minutos
Tiempo de cocción: 35 minutos
Necesitará: 2 moldes para pastel de 18 cm de diámetro

PASTEL:

175 g de mantequilla sin sal

175 g de azúcar blanquilla

3 huevos grandes

2 plátanos maduros, aplastados

250 g de harina con levadura incorporada

$^1/_2$ cucharadita de levadura en polvo

RELLENO:

2 plátanos

el zumo de 1 limón

1 cucharada de agua de rosas

150 ml de crema acidificada

200 g de chocolate blanco de calidad, troceado

40 g de mantequilla sin sal

Precaliente el horno a 180 °C. Pincele los moldes con mantequilla derretida y espolvoréelos con harina.

Bata juntos la mantequilla y el azúcar; incorpore los huevos y los plátanos aplastados sin dejar de batir. Tamice la harina y la levadura en polvo por encima y mezcle bien.

Divida la masa entre los 2 moldes y hornee unos 40 minutos. Deje reposar los pasteles dentro del molde unos 10 minutos, y vuélquelos luego sobre una rejilla metálica para que se enfríen.

Para el relleno, corte los plátanos a rodajas muy finas y mézclelas con el zumo de limón.

Mezcle el agua de rosas con la crema acidificada y extiéndala sobre un pastel ya frío; cubra con los plátanos a rodajas y luego ponga encima el otro pastel.

Derrita el chocolate y la mantequilla en un cuenco refractario dispuesto sobre un cazo con agua que empiece a hervir.

Extienda la mezcla de chocolate derretido de forma homogénea sobre la superficie y las paredes del pastel; empiece a verterla por el centro y extiéndala hacia las paredes con un cuchillo paleta.

SUGERENCIA: utilice flores frescas colocadas dentro de un tubo de laboratorio para decorar el pastel. La flor del chocolate (*Cosmos atrosanguinus*) presenta un maravilloso olor a chocolate y los guisantes de olor de color rosa tienen un aspecto magnífico sobre el glaseado de chocolate.

¿Qué haríamos sin estos libritos repletos de recetas de cocineros entusiastas recopilados para recaudar fondos para escuelas y organizaciones caritativas? Esta receta de Bergvliet Road Nursery School de Ciudad de El Cabo, Sudáfrica, tiene un toque de la década de 1960, es dulce y opulenta, y deliciosa con una taza de té.

PASTEL DE CHOCOLATE,
NUECES Y CAFÉ

Tiempo de preparación: 25 minutos
Tiempo de cocción: 25 minutos
Necesitará: 2 moldes para bizcocho de 18 cm de diámetro
Para 10 raciones

450 g de mantequilla sin sal

225 g de azúcar blanquilla dorada

4 huevos grandes

200 ml de café fuerte recién preparado, enfriado

4 cucharaditas de cacao en polvo

225 g de harina con levadura incorporada

175 g de nueces, picadas

nueces, para decorar

RELLENO Y GLASEADO:

glaseado dorado de Nigella (*véase* pág. 181)

Precaliente el horno a 190 °C. Engrase y enharine bien los 2 moldes.

Bata la mantequilla y el azúcar hasta que la mezcla blanquee y esté esponjosa; agréguele los huevos uno a uno, batiendo bien tras cada adición. Mezcle con el café. Tamice el cacao y la harina juntos y añádalos a la preparación batiendo a fondo. No se preocupe si la mezcla se corta un poco, pues quedará unida al hornearse. Incorpore las nueces picadas y divida la preparación entre los 2 moldes. Hornee unos 25 minutos. Deje enfriar los pasteles en los moldes unos cuantos minutos antes de desmoldarlos sobre una rejilla para que se enfríen por completo antes de aplicarles el relleno y el glaseado. Decore el pastel con trozos de nueces.

SUGERENCIA: este pastel debe manejarse con cuidado ya que puede romperse con facilidad.

PECAMINOSO

«La gente colérica y polémica es como un balancín: utiliza mucha energía pero no llega a ninguna parte», escribió Lucille, la tía-abuela de Kim Potter, en *A Collection of 62 Years of Marriage*, un libro de recetas que contiene algunas maravillosas observaciones. Era una dama dulce y perspicaz, que cuando tenía noventa años no dudaba en subir a su coche y conducir cientos de kilómetros. Ésta es una de las recetas favoritas de Kim, adaptada para incluir chocolate.

PAN DE CALABAZA Y MAYA GOLD
DE TÍA LUCILLE

Tiempo de preparación: 30 minutos
Tiempo de cocción: 50 minutos-1 hora
Necesitará: un molde para pan de 22 x 12 cm
Para 1 pan (14 rebanadas)

350 g de azúcar granulado

50 g de mantequilla sin sal, ablandada

2 huevos grandes

225 g de calabaza pelada y rallada

400 g de harina

$1/2$ cucharadita de bicarbonato sódico

$1/2$ cucharadita de sal

$1/2$ cucharadita de levadura de panadero en polvo

$1/2$ cucharadita de nuez moscada molida

$1/2$ cucharadita de pimienta de Jamaica

$1/2$ cucharadita de canela

$1/4$ de cucharadita de clavo molido

60 ml de agua

50 g de chocolate negro Maya Gold, u otro chocolate negro con naranja de calidad, picado

Precaliente el horno a 180 °C. Pincele el molde con la mantequilla derretida y espolvoréelo con azúcar.

Bata la crema con la mantequilla hasta que la mezcla esté ligera y esponjosa. Añada los huevos de uno en uno, batiendo bien tras cada adición; acto seguido, mezcle con la calabaza rallada.

Tamice juntos la harina, el bicarbonato, la sal, la levadura en polvo y todas las especias y mézclelos con la preparación de calabaza, alternando con el agua, hasta que todo quede bien amalgamado.

Reparta la mitad de la mezcla en el molde. Esparza por encima la mitad del chocolate y cubra con el resto de la mezcla. Sumerja una cuchara en la masa y divídala formando una especie de trinchera sobre su superficie; llénela con el resto del chocolate, dejando que parte del mismo quede sobre la superficie del pan. Alise el agujero con la cuchara. El chocolate se derretirá a medida que el pan se vaya cociendo, creando unos dibujos a lo largo del mismo.

Hornee 50 minutos. Para evitar que la superficie se queme cubra el pan con papel de aluminio al cabo de 30 minutos. Dependiendo de la humedad de la calabaza, quizás deba hornearlo un poco más. Compruébelo insertando una broqueta en el centro: si sale limpia (aunque puede haber adherido chocolate), el pan está cocido. Vuélquelo sobre una rejilla metálica para que se enfríe por completo.

SUGERENCIA: este pan es delicioso tostado y untado con mantequilla.
La forma más fácil de rallar una calabaza es emplear el utensilio
del robot eléctrico para rallar.

PECAMINOSO

«Puede perder sus sentidos al saborear uno de estos dátiles madurados al sol del Mediterráneo», escribe Marialuisa Rea Faggionato, de Padua, Italia. Ella rellena los dátiles con un mazapán aromatizado con limón y naranja, los recubre con chocolate negro y los sirve fríos como postre. Marialuisa participó en uno de nuestros concursos de recetas.

DÁTILES RELLENOS
MEDITERRÁNEOS

Tiempo de preparación: 30 minutos
Tiempo de enfriado: 30 minutos
Necesitará: una rejilla metálica
Para 30 dátiles

30 dátiles

60 g de almendras peladas enteras

60 g de azúcar blanquilla

la cáscara finamente rallada de 1 naranja, más un poco de su zumo

20 ml de limoncello (licor italiano aromatizado con cáscara de limón)

150 g de chocolate negro, como mínimo con un 60 % de cacao, troceado

Deshuese los dátiles. Pique finamente las almendras y mézclelas con el azúcar y la cáscara de naranja. Agregue el limoncello y amase hasta obtener un mazapán maleable. Rellene los dátiles con el mazapán.

Derrita el chocolate en un cuenco refractario dispuesto sobre un cazo con agua que empiece a hervir. Sumerja los extremos de los dátiles en el chocolate, dejando el centro desnudo, o bien sumérjalos por completo. Déjelos enfriar en un lugar fresco antes de servir.

SUGERENCIA: intente utilizar dátiles frescos para esta receta, pero si no los encuentra, emplee aquellos que hayan sido recubiertos con el mínimo de almíbar posible.

Esta receta empezó su vida como una tarta de almendras con fresas. Luego éstas fueron reemplazadas por peras, a continuación se añadió chocolate y por último jengibre. A Hazel Neil le gusta adaptar recetas según la oferta estacional y el contenido de su alacena. La próxima vez la hará con ciruelas.

TARTA DE
CHOCOLATE, PERAS Y JENGIBRE

Tiempo de preparación: 40 minutos
Tiempo de enfriado: 30 minutos
Tiempo de cocción: 1 hora
Necesitará: un molde de base desmontable de 28 cm de diámetro
Para 8 raciones

PASTA QUEBRADA:

250 g de harina

1 cucharadita de sal

110 g de mantequilla sin sal

2 yemas de huevo grandes

4-5 cucharadas de agua fría

RELLENO:

125 g de mantequilla sin sal

125 g de azúcar blanquilla

2 huevos grandes

100 g de chocolate negro, como mínimo con un 60 % de cacao, troceado

1 cucharadita de jengibre en almíbar, finamente picado

25 g de harina

125 g de almendras molidas

4 peras maduras, peladas

confitura de albaricoque, para el glaseado

PARA SERVIR:

salsa de chocolate (*véase* pág. 61)

Precaliente el horno a 180 °C.

Para la pasta, tamice la harina y la sal sobre un cuenco grande. Corte la mantequilla en trozos y frótela con la harina con las yemas de los dedos hasta que parezca migas de pan. Bata rápidamente en un cuenco pequeño las yemas y el agua fría y agréguelos a la masa. Mezcle hasta que se cohesione formando una bola. Envuelva la pasta en papel sulfurizado y déjela reposar en la nevera 30 minutos; luego forre con ella la tartera. Hornee la tarta a ciegas cubriendo el fondo con papel sulfurizado y llenándola con legumbres secas durante 15-20 minutos o hasta que esté ligeramente coloreada.

Retire la pasta del horno y baje la temperatura a 170 °C.

Para preparar el relleno, bata la mantequilla y el azúcar hasta que la mezcla blanquee y esté esponjosa. Bata los huevos y agréguelos lentamente a la mantequilla mezclando bien. Derrita el chocolate en un cuenco refractario dispuesto sobre un cazo con agua que empiece a hervir. Déjelo enfriar unos pocos minutos. Mézclelo con la harina y las almendras. Déjelo enfriar antes de extenderlo sobre el fondo de tarta.

Corte las peras por la mitad, retire los corazones y córtelos a gajos. Colóquelos en forma de abanico sobre la mezcla de chocolate y presione ligeramente. Hornee unos 30-40 minutos. Compruebe que el relleno está cocido insertando una broqueta en el centro, que deberá salir fría.

Pincele el pastel con confitura de albaricoque mientras todavía esté caliente y sírvalo caliente o frío, con la salsa de chocolate o crema.

Andrea Longman inventó estas pastas mantecosas y de textura desmenuzable para un amigo vegetariano como regalo. Pueden prepararse con margarina vegetariana y ahora aparecen con frecuencia en su lista de regalos navideños, pues es el regalo favorito de sus amigos. Si las va a preparar para niños, utilice chocolate con leche.

MANTECADAS
DE CHOCOLATE

Tiempo de preparación: 20 minutos
Tiempo de cocción: 25 minutos
Necesitará: una placa para hornear
Para 14 mantecadas

MANTECADA 1:

150 g de harina

$^1/_2$ cucharadita de sal

50 g de azúcar blanquilla

125 g de mantequilla o margarina vegetariana sin sal

MANTECADA 2:

125 g de harina

25 g de cacao en polvo

$^1/_2$ cucharadita de sal

50 g de azúcar blanquilla

125 g de mantequilla o margarina vegetariana sin sal

100 g de chocolate negro, como mínimo con un 60 % de cacao, o chocolate con leche, preferiblemente con el 34 % de cacao, troceado

Precaliente el horno a 150 ºC.

Para preparar la primera mantecada, tamice juntos la harina, la sal y el azúcar. Frote la mantequilla con la mezcla an-terior, amase ligeramente y refrigere 30 minutos antes de extender la pasta.

Siga el mismo paso para la segunda mantecada, pero incluya el cacao con la harina.

Extienda ambas pastas sobre la superficie de trabajo ligeramente enharinada formando, aproximadamente, dos rectángulos iguales de 1 cm de grosor, más o menos. Coloque la pasta clara sobre una lámina de papel sulfurizado, disponga encima la de cacao y luego reparta los trozos más grandes de chocolate en el centro y los pequeños sobre el resto de la superficie.

Enrolle cuidadosamente las mantecadas como si se tratara de un brazo de gitano, lo más apretadas posible, utilizando el papel como soporte. (No se preocupe si se rompe o el chocolate sobresale.) Una vez enrollada la pasta, presione ambos bordes para que el chocolate no caiga, y con ambas manos estire el rollo dándole 22 cm de longitud.

Con ayuda de un cuchillo muy afilado, corte el rollo en rodajas de 1cm. Extiéndalas bien espaciadas sobre una placa de hornear forrada con papel sulfurizado. Hornee 25 minutos o hasta que la pasta clara se haya dorado ligeramente. Déjela enfriar sobre una rejilla.

SUGERENCIA: estas pastas tienen un aspecto rústico, más que elegante.

Los pasteles de frutas son una especialidad inglesa que se remonta a la Edad Media, y que desde el siglo XVIII se preparan para celebraciones, bodas y por Navidad. Esta variante del pastel clásico es una creación de Stuart Oetzmann. Su empresa, The Handmade Food Company, proporciona a las tiendas más selectas de Inglaterra los pasteles y las empanadas más exquisitos.

PASTEL

DE FRUTAS

Tiempo de preparación: 1 hora
Tiempo de cocción: 1 hora 15 minutos
Tiempo de maceración: 24 horas de antelación
Necesitará: 2 moldes para pan de 2 x 22 x 12 cm

175 g de pasas

100 g de sultanas

200 g de ciruelas pasas deshuesadas

115 g de naranja confitada, limón o pomelo
(preferiblemente casero)

100 ml de brandy

50 ml de ron especiado Morgan

275 g de mantequilla sin sal, ablandada

350 g de azúcar mascabado

3 huevos medianos

200 g de harina con levadura incorporada

150 g de harina común

1 cucharadita de canela

$^1/_4$ de cucharadita de macís

$^1/_4$ de cucharadita de clavos molidos

$^1/_4$ de cucharadita de jengibre molido

100 ml de café expreso

125 g de nueces

250 g de chocolate negro, como mínimo con un 60 % de cacao

Remoje las frutas en la mitad del brandy y todo el ron 24 horas antes del día en que vaya a cocinar el pastel.

Precaliente el horno a 160 ºC.

Engrase los moldes con mantequilla y fórrelos con papel sulfurizado.

Bata la mantequilla con el azúcar. Agregue los huevos de uno en uno, batiendo bien tras cada adición; no añada el siguiente hasta que el anterior esté bien amalgamado. Tamice juntas las harinas y las especias. Agréguelas a la mezcla anterior en dos estadios, asegurándose de que queda bien incorporada tras cada adición. Incorpore la fruta y el café. Finalmente, añada las nueces y el chocolate y mezcle a fondo. Divida la preparación entre los 2 moldes, cúbralos holgadamente con papel sulfurizado y haga un agujero del tamaño de una moneda sobre el papel para que el vapor pueda escaparse. Cúbralos con papel de aluminio, haga otro agujero y métalo por los lados. Hornee 1 hora 55 minutos, pero compruebe la cocción al cabo de 1 hora. Al insertar una broqueta en el centro, ésta debe salir seca con unas pocas migas adheridas al extremo.

Deje enfriar los pasteles en los moldes durante 30 minutos y luego desmóldelos; retire el papel y vierta por encima el resto del brandy.

SUGERENCIA: si va a preparar estos pasteles con varios meses de antelación para una ocasión especial, envuélvalos con papel de aluminio y rocíelos regularmente con brandy.

Este postre es el sueño del amante de los chocolates a la menta, pues posee la textura ligera del suflé y una salsa caliente que sale por el centro. Nicola Oaten empezó a hornear pasteles de chocolate a la edad de cinco años y ha estado experimentando con ellos desde entonces. Ésta es su receta favorita.

BUDINES DE CHOCOLATE CALIENTE

A LA MENTA

Tiempo de preparación: 30 minutos
Tiempo de cocción: 10 minutos
Necesitará: 4 moldes individuales para budín o para *dariole* de 6 cm de diámetro y 5 cm de altura
Para 4 minibudines

50 g de chocolate negro, como mínimo con un 60 % de cacao, troceado

100 g de mantequilla sin sal

2 huevos grandes

2 yemas de huevo grandes

2 cucharadas de azúcar blanquilla dorada

50 g de chocolate *fondant* a la menta

6 cucharadas de harina

Precaliente el horno a 220 ºC si va a cocer los budines tan pronto como estén preparados. Si, en cambio, va a cocerlos congelados, precaliente el horno a 180 ºC. Engrase los moldes ligeramente con mantequilla y enharínelos.

Ponga el chocolate y la mantequilla en un cuenco refractario dispuesto sobre un cazo con agua que empiece a hervir.

Caliente hasta que el chocolate empiece a derretirse y luego apague el fuego. Continúe removiendo hasta que esté derretido y luego déjelo enfriar.

Mientras, ponga los huevos y las yemas en un cuenco con el azúcar y bata hasta que la mezcla quede espumosa. Cuando la mezcla de chocolate se haya enfriado, incorpórele la de huevos. Tamice la harina por encima y mezcle de nuevo. Vierta la preparación en los moldes preparados hasta llegar al borde, nivele la superficie con un cuchillo paleta y hornee 10 minutos, si los va a servir enseguida. Como alternativa, puede congelarlos o guardarlos en la nevera hasta 1 día. Los que hayan reposado 1 día en la nevera necesitarán 2 minutos de cocción adicional en el horno a 220 ºC, y si son congelados necesitarán 12 minutos a la temperatura de 180 ºC antes indicada. Los budines subirán y quedarán blandos y viscosos en el centro cuando estén listos.

Sepárelos de los moldes pasando un cuchillo y vuélquelos sobre la palma de su mano; luego póngalos en platos individuales. Espolvoréelos con una mezcla de cacao en polvo y azúcar lustre.

SUGERENCIA: llene los moldes hasta arriba para obtener una preparación elegante.

PECAMINOSO

En Green & Black's preferimos el estilo de trufa francés, que consiste predominantemente en una *ganache* de chocolate, espolvoreada con cacao en polvo. En la década de 1920 se llamaron «trufas» porque su aspecto parecía el de una trufa recién recolectada, que no es más que un hongo que crece bajo tierra. Las trufas belgas presentan a menudo un centro dulce, blando, ligero y cremoso, por lo que llenan mucho.

TRUFAS
DE MICAH

Tiempo de preparación: 30 minutos
Tiempo de enfriado: 3 horas o toda la noche
Para 36 trufas

275 g de chocolate negro, como mínimo con un 60 % de cacao, troceado

250 ml de crema de leche espesa

50 g de mantequilla sin sal, a temperatura ambiente

50 g de cacao en polvo

Ponga el chocolate en un cuenco grande. Lleve la crema a ebullición y viértala sobre el chocolate. Mezcle suavemente hasta que el chocolate se derrita, intentando no crear burbujas. Deje enfriar durante 2 minutos, luego añada la mantequilla en dos estadios y mezcle suavemente. Una vez esté incorporada, la *ganache* debe quedar lisa y brillante y su superficie no debe ser aceitosa. Refrigere la mezcla un mínimo de 3 horas o toda la noche.

Retire la *ganache* de la nevera unos 15 minutos antes de que vaya a preparar las trufas, dependiendo de la temperatura de la estancia. Ponga el cacao en un cuenco. Asegúrese de tener las manos frías y secas; espolvoréelas luego con el cacao. Tome una cucharada de la mezcla de trufa (utilice una cucharita o cuchara, dependiendo del tamaño deseado) y pásela por las palmas de las manos para recubrirla con el cacao. Deje caer cada bola de trufa en el cuenco con el cacao, déle unas vueltas y pásela por las palmas de las manos para retirar el exceso de cacao. Las trufas pueden refrigerarse y guardarse hasta 2 días siempre que se conserven en un recipiente hermético.

SUGERENCIA: estas trufas se pueden comer directamente de la nevera o dejarse a temperatura ambiente. Cuanto más frías estén, menos seco parecerá el cacao al comerlo.

ABRACADABRA

El sabor complejo del chocolate procede de los 550 componentes de sabor que se encuentran en el cacao tras el proceso de fermentaci[ó]n, secado, tostado y batido, muchos más que la mayoría de alimentos. Una zanahoria, por ejemplo, tiene 96 componentes de sabor.

GOLD

CHOCOLATE
GREEN & BLACK'S

Fairtrade

Guarantees
a better deal
For Third World
Producers

· SOIL ASSOCIATION · ORGANIC STANDARD ·

CAO

ATEMPERADO

Para moldear el chocolate o cubrir un pastel con una capa de chocolate duro que cuajará formando una superficie brillante, primero debe atemperar el chocolate exactamente de la misma forma que moldeamos las tabletas de chocolate.

El atemperado incluye el derretido, el enfriado y luego el recalentado del chocolate, asegurándose de que todos los pequeños cristales de grasa del chocolate permanecen estables. Si no fuera así, el chocolate cuajaría formando unas vetas blancas. Asimismo, quedaría poco apetitoso y no crujiría al morderlo con ese sonido característico que hace el buen chocolate al romperse.

CÓMO ATEMPERAR EL CHOCOLATE

Para atemperar el chocolate se necesita, como mínimo, 300 g de chocolate negro, con leche o blanco. Puede guardarse el resto y utilizarse otro día.

Ralle unos 40 g de chocolate y resérvelos. Trocee el resto del chocolate y derrítalo en un cuenco suspendido en un cazo con agua que empiece a hervir; no deje que la base del cuenco entre en contacto directo con el agua. Una vez el chocolate esté completamente derretido, compruebe la temperatura con un termómetro digital. Debe estar entre 55-58 °C, en el caso del chocolate negro, y entre 45-50 °C, en el caso del chocolate con leche y el blanco.

Retire el chocolate del fuego y colóquelo sobre un cuenco con agua fría a unos 21 °C. Déjelo enfriar removiendo de vez en cuando, hasta que la temperatura del chocolate descienda a 34 °C.

Mézclelo con el chocolate rallado reservado y continúe removiendo hasta que todo el chocolate se haya derretido y su temperatura sea de 32-33 °C.

La temperatura final para el chocolate negro debe ser de 30-32 °C, entre 28-30 °C para el chocolate con leche, y de 28-29 °C para el chocolate blanco.

Para comprobar si ha atemperado su chocolate correctamente, sumerja el extremo de un cuchillo paleta en el chocolate y luego déjelo enfriar para que cuaje unos 5 minutos. El chocolate bien atemperado será liso y homogéneo, de un color uniforme en la superficie, y si retira el chocolate del cuchillo paleta, la parte inferior estará brillante. Si no lo ha atemperado correctamente puede empezar de nuevo el proceso empleando el mismo chocolate.

Utilice el chocolate atemperado enseguida y de forma rápida, dejándolo sobre un cazo con agua caliente mientras lo trabaja.

Para un método menos técnico, consulte la página 9.

ABRACADABRA

Este pastel de chocolate es opulento e increíblemente fácil de preparar; además le encantará a sus invitados. Puede hacerlo sustituyendo parte del chocolate negro por chocolate Maya Gold para proporcionar al pastel un toque a naranja especiado. Para una ocasión especial, esparza por encima polvo de oro comestible (disponible en establecimientos especializados).

PASTEL DE MOUSSE DE CHOCOLATE NEGRO
CON POLVO DORADO

Tiempo de preparación: 10 minutos
Tiempo de cocción: 35-45 minutos
Necesitará: un molde para pastel de 20 o 23 cm de base desmontable o una tartera de tamaño similar
Para 10 raciones

1 cucharada de almendras molidas, y un poco más para espolvorear el molde

300 g de chocolate negro, como mínimo con un 60 % de cacao, o 200 g de chocolate negro y 100 g de chocolate Maya Gold, u otro chocolate negro con naranja de calidad, troceado

275 g de azúcar blanquilla

165 g de mantequilla sin sal

una pizca de sal marina

5 huevos grandes

azúcar lustre o polvo de oro

Precaliente el horno a 180 °C. Pincele el molde con un poco de mantequilla derretida y espolvoree con las almendras molidas; sacuda el exceso.

Derrita el chocolate, el azúcar lustre, la mantequilla y la sal en un cuenco refractario dispuesto sobre un cazo con agua que empiece a hervir; luego retírelo del fuego.

Bata los huevos con las almendras molidas e incorpore la mezcla de chocolate. La preparación espesará al cabo de unos pocos minutos. Viértala en el molde y hornee durante 35-40 minutos.

Retire las paredes del molde y deje el pastel sobre la base para que se enfríe. Luego tamice por encima azúcar lustre o pincele con polvo de oro comestible.

SUGERENCIA: este pastel no subirá demasiado, es consistente y fino.
Si lo enfría toda la noche quedará más denso, acaramelado e irresistible.

Micah Carr-Hill, nuestro catador de chocolate y jefe de desarrollo de productos, llegó de uno de sus muchos viajes a Italia con esta idea. Visitó el Salone del Gusto, una feria gastronómica que tiene lugar en Turín cada dos años en otoño, y asistió a una cena temática de chocolate. Asegúrese de que su gorgonzola dolce está perfectamente maduro, ni demasiado duro ni demasiado blando, y no tenga miedo de recubrirlo con chocolate. La idea es que disfrute primero del sabor del gorgonzola y luego que el chocolate empiece a derretirse en la boca rebajando su sabor y dejándole en un estado de éxtasis.

GORZONZOLA DOLCE
CON CHOCOLATE NEGRO

Tiempo de preparación: 5 minutos
Para 60 trozos

100 g de chocolate negro, como mínimo con un 60 % de cacao

350 g de queso gorgonzola *dolce*

Pique el chocolate en trozos medianos, del tamaño de la uña del dedo pulgar, utilizando un cuchillo afilado.

Cubra la superficie completa del queso con los trozos de chocolate, presionándolos suavemente.

Asegúrese de que el queso esté bastante cubierto, pues necesita una buena proporción de chocolate en relación con el queso para disfrutar plenamente de esta receta.

SUGERENCIA: no guarde el queso en la nevera porque si la temperatura es demasiado baja, el frío podría alterar su sabor. Envuelva las bolas en papel sulfurizado y guárdelas en un lugar fresco.

Daniel Mireault nunca había cocinado antes de pasar algún tiempo en una cárcel canadiense. Un compañero le proporcionó esta receta para que la preparara con ocasión de una visita de su mujer, y desde entonces se ha convertido en una de las favoritas de la familia. Daniel envió la receta a su cuñada en Inglaterra y ésta nos la pasó.

PASTEL DE CHOCOLATE
DEL PRESO

Tiempo de preparación: 20 minutos
Tiempo de cocción: 40 minutos
Necesitará: 2 moldes para pastel de 20 cm de diámetro y paredes altas
Para 15-20 raciones

PASTEL:

500 g de harina

500 g de azúcar

1 cucharadita de bicarbonato sódico

1 cucharada de levadura en polvo

$^1/_2$ cucharadita de sal

150 g de cacao en polvo

150 ml de suero

150 ml de aceite vegetal

4 huevos grandes

1 cucharadita de extracto de vainilla

200 ml de agua

RELLENO:

340 g de confitura de albaricoque

glaseado de chocolate (*véase* pág. 180) o salsa dulce de chocolate (*véase* pág. 61)

Precaliente el horno a 180 °C. Engrase los moldes con mantequilla y enharínelos.

Tamice todos los ingredientes secos sobre un cuenco mezclador grande. Agregue el resto de ingredientes y bata con la batidora de varillas o con fuerza unos 3 minutos. Hornee 35-40 minutos. Deje enfriar los pasteles sobre una rejilla metálica. Una vez fríos, únalos con confitura de albaricoque y vierta por encima el glaseado de chocolate.

SUGERENCIA: si tiene prisa, utilice dos terrinas de crema de chocolate comercial para glasear el pastel.

Esta receta se remonta a la década de 1980 en París: surgió en el famoso restaurante Taillevent. Es deliciosa acompañada con una crema inglesa a la menta (*véase* pág. 61) y unas tejas.

TERRINA
TAILLEVENT

Tiempo de preparación: 20 minutos
Tiempo de congelación: toda la noche
Necesitará: un molde para pan de 450 g

225 g de chocolate negro, como mínimo con un 60 % de cacao, troceado

100 g de azúcar lustre

175 g de mantequilla sin sal, ablandada

5 huevos grandes, separados

75 g de cacao en polvo

sal

185 ml de crema de leche espesa

Derrita el chocolate en un cuenco refractario dispuesto sobre un cazo con agua que empiece a hervir.

Mezcle con el azúcar lustre y luego con la mantequilla. Incorpore batiendo las yemas y el cacao. Agregue una pizca de sal. Bata las claras a punto de nieve. Bata también la crema de leche, incorpórela a las claras y luego esta preparación a la mezcla anterior, asegurándose de que queda bien incorporada.

Moje con agua el interior del molde, fórrelo con película de plástico, vierta en él la mezcla y congele la terrina toda la noche. Retírela del congelador unos 15 minutos antes de cortarla en porciones y acompañarla con la crema inglesa a la menta de la página 61.

SUGERENCIA: puede guardar la terrina en el congelador hasta una semana.

Craig Sams fundó Whole Earth Foods, y fue uno de los pioneros del movimiento orgánico, que ya ensalzaba los beneficios de la macrobiótica y las granjas orgánicas hace más de treinta años, cuando la mayoría de la gente aún no había empezado a pensar en los efectos de los cultivos convencionales en el medio ambiente y en la salud. El crujiente de cacao es un desayuno a base de cereales adorado tanto por los adultos como por los niños, y es uno de los muchos productos orgánicos deliciosos producidos por Whole Earth Foods.

CRUJIENTE

DE CACAO

Tiempo de preparación: 10 minutos
Tiempo de cocción: 35-40 minutos
Necesitará: una fuente grande para asar o placa para hornear
Para 750 g

250 g de azúcar

100 ml de agua

50 ml de aceite vegetal

75 g de chocolate con leche, preferiblemente con el 34 % de cacao, picado

2 cucharaditas de miel

375 g de copos de avena

110 g de *crispies* de arroz (o arroz hinchado)

25 g de coco seco

30 g de cacao en polvo

Precaliente el horno a 180 ºC.

Forre una placa de hornear grande con papel sulfurizado.

Derrita el azúcar en el agua a fuego lento para obtener un almíbar sin caramelizarlo. Recuerde que no debe remover la mezcla de chocolate mientras se derrite. Deje que el almíbar se entibie, y luego derrita el aceite y el chocolate en el almíbar. Añada la miel y mezcle bien.

Mezcle en un cuenco grande los copos de avena, los *crispies* de arroz, el cacao y el coco. Agregue la mezcla de almíbar a los ingredientes secos y mezcle a fondo. Extienda la preparación sobre la placa o el molde preparado dándole 1 cm de grosor.

Hornee 35-40 minutos, y, con un tenedor, dé la vuelta a la mezcla regularmente. Procure no formar migas finas, debe quedar en forma de grumos.

Es preferible hornear la preparación por defecto que por exceso, pues se quema con facilidad, especialmente alrededor de los lados del molde, por lo que debe vigilarla.

SUGERENCIA: sumerja en aceite la cuchara que vaya a usar para medir la miel,
para evitar que ésta se adhiera a la cuchara.

Estas pastas de textura desmenuzable proceden de Bretaña. Se trata de una pasta que lleva tanta mantequilla que cualquier otro sabor parece superfluo. Al trabajar con algunas ideas para pastas no pudimos resistir enfrentar las tradicionales galletas Digestive inglesas al chocolate con estas pastas tan ricas, que cubrimos con nuestro chocolate con leche y negro.

PASTAS
BRETONAS DE MANTEQUILLA

Tiempo de preparación: 10 minutos
Tiempo de enfriado: 15 minutos
Tiempo de cocción: 15-20 minutos
Necesitará: un cortapastas acanalado redondo de 5 cm de diámetro
Para 50 pastas

375 g de harina

una pizca generosa de sal

150 g de azúcar blanquilla

200 g de mantequilla sin sal, enfriada y a dados

1 huevo grande, ligeramente batido

$^1/_2$ cucharadita de extracto de vainilla

200 g de chocolate con leche o 50 g de cada uno de los siguientes: leche, negro, Maya Gold (u otro chocolate negro con naranja de calidad) y chocolate blanco, cortado en trozos

Precaliente el horno a 160 °C. Engrase con mantequilla una placa grande.

Tamice juntas la harina y la sal. Agregue el azúcar y la mantequilla y mezcle en el robot o frote entre las yemas de los dedos hasta obtener una especie de migas. Añada el huevo y el extracto de vainilla y mezcle de nuevo en el robot o a mano hasta que la mezcla se cohesione formando una pasta firme. Envuélvala en película de plástico y refrigérela 15 minutos como mínimo.

Extiéndala sobre la superficie de trabajo ligeramente enharinada dándole unos 3 mm de grosor. Corte las pastas con el cortapastas.

Póngalas sobre la placa de hornear y hornee 15-20 minutos o hasta que estén ligeramente doradas. Déjelas enfriar sobre una rejilla metálica.

Una vez las pastas ya estén frías, derrita el chocolate en un cuenco refractario dispuesto sobre un cuenco con agua que empiece a hervir. Si utiliza un solo chocolate, elija un cuenco en el que pueda introducir la mano para bañar la pasta en el chocolate. Tenga mucho cuidado al derretir el chocolate blanco y sobre todo asegúrese de que el cuenco no toque el agua, pues entonces el chocolate podría agarrarse. Si utiliza diferentes tipos de chocolate, una vez se hayan derretido póngalos en un plato pequeño y bañe la superficie de cada pasta en el chocolate antes de devolverla a la rejilla para que cuaje.

Las pastas pueden recubrirse simplemente por una cara; también puede decorarlas extendiendo un hilo fino de chocolate blanco sobre la pasta previamente recubierta con chocolate negro, o bien al revés. También puede sumergir media pasta en el chocolate.

SUGERENCIA: la forma más efectiva de derretir chocolate es ponerlo en el microondas a potencia muy baja, y mediante breves períodos. Para derretir 50 g, ponga el chocolate en un cuenco en el microondas durante 30 segundos, luego continúe con intervalos cortos de 10 segundos, removiendo entre cada uno.

ABRACADABRA

Jo Gilks considera que hay veces que no puede disfrutar de un sabroso estofado de carne con algún amigo, pues al parecer muchos de ellos se han convertido en vegetarianos o han desarrollado algunas alergias. Este pastel forma parte de su repertorio para agasajarlos. Se prepara con polenta, harina de maíz gruesa, apta para aquellas personas alérgicas al trigo que normalmente no pueden tomar pasteles de chocolate debido a que llevan este producto usualmente.

PASTEL
DE CHOCOLATE Y POLENTA

Tiempo de preparación: 25 minutos
Tiempo de cocción: 40 minutos
Necesitará: un molde de base desmontable de 35 cm de diámetro
Para 10 raciones

225 g de chocolate negro, como mínimo con un 60 % de cacao, troceado

125 g de mantequilla sin sal

5 huevos grandes, separados

150 g de azúcar blanquilla

100 g de polenta fina

50 ml de ron añejo

azúcar lustre, para espolvorear

Precaliente el horno a 180 °C. Engrase el molde con mantequilla y enharínelo.

Derrita el chocolate y la mantequilla en un cuenco refractario dispuesto sobre un cazo con agua que empiece a hervir. Bata las yemas con 75 g de azúcar hasta que la mezcla quede espesa y cremosa. Incorpore la mezcla de chocolate.

Bata las claras con el resto del azúcar hasta que estén a punto de nieve. Mezcle la polenta y el ron con la mezcla de chocolate y luego incorpore las claras con cuidado. Vierta la mezcla en el molde preparado y hornee unos 40 minutos. Retire el pastel del horno y déjelo enfriar en el molde (se encogerá al enfriar). Espolvoréelo con azúcar lustre antes de servir.

SUGERENCIA: para una superficie crujiente,
agregue todo el azúcar a las yemas y bata las claras sin azúcar.

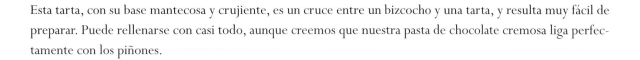

Esta tarta, con su base mantecosa y crujiente, es un cruce entre un bizcocho y una tarta, y resulta muy fácil de preparar. Puede rellenarse con casi todo, aunque creemos que nuestra pasta de chocolate cremosa liga perfectamente con los piñones.

TARTA DE PIÑONES ITALIANA
CON CREMA DE CHOCOLATE

Tiempo de preparación: 35 minutos
Tiempo de enfriado: 45 minutos
Tiempo de cocción: 30-35 minutos
Necesitará: una tartera de fondo desmontable de 23 cm de diámetro
Para 6-8 raciones

PASTA:

310 g de harina

1 cucharadita de levadura en polvo

100 g de mantequilla sin sal, fría, más un poco derretida para engrasar

150 g de azúcar blanquilla

2 huevos grandes, batidos

2 cucharadas de agua

RELLENO:

300 g de crema de chocolate y avellanas

COBERTURA:

1 yema grande

1 cucharada de leche

3 cucharadas de piñones

1 cucharada de azúcar lustre, para espolvorear

Precaliente el horno a 180 °C. Pincele ligeramente el molde con un poco de mantequilla derretida.

Para la pasta, tamice la harina y la levadura en polvo sobre un cuenco y frótela con la mantequilla hasta obtener una especie de migas. Añada el azúcar y luego mezcle con los huevos y un poco de agua. Mezcle con las manos y forme una bola. Vuélquela sobre la superficie de trabajo ligeramente enharinada y amásela suavemente con la palma de la mano hasta que la pasta quede lisa y homogénea. Tápela y refrigérela 45 minutos.

Extienda tres cuartas partes de la pasta sobre la superficie de trabajo ligeramente enharinada: debe quedar un poco más grande que el molde. Presione ligeramente la pasta contra el molde y recorte el sobrante. Reparta la crema de chocolate y avellanas por el fondo. Extienda por encima el resto de la pasta y colóquela sobre la crema anterior. Presione la pasta superior e inferior para sellar el relleno.

Para la cobertura, bata las yemas y la leche y pincele esta mezcla sobre la capa de pasta superior. Esparza por encima los piñones de forma homogénea y hornee 30-35 minutos o hasta que la superficie esté ligeramente dorada. Espolvoree con azúcar lustre y deje enfriar antes de servir.

SUGERENCIA: los piñones se queman con facilidad, por lo que debe vigilar la tarta durante el horneado.

Estos deliciosos negritos o *brownies* son fáciles de preparar y deliciosos. Resultan perfectos para la merienda acompañados de crema acidificada, para finalizar una comida o una cena con amigos. Asegúrese de utilizar el molde adecuado y no los cueza en exceso. Como regla, cuando empiece a notar su olor ya estarán casi hechos: es preferible retirarlos antes para comprobar su cocción e introducirlos de nuevo en horno en el caso de que aún no estén a punto, lo que no los estropea en absoluto.

NEGRITOS
DE CHOCOLATE Y CEREZAS

Tiempo de preparación: 15 minutos
Tiempo de cocción: 25 minutos
Necesitará: un molde o una fuente para hornear de 34 x 25 cm y 6 cm de altura como mínimo
Para 28 negritos

300 g de mantequilla sin sal

300 g de chocolate negro, como mínimo con un 60 % de cacao, troceado

5 huevos grandes

450 g de azúcar granulado

1 cucharada de extracto de vainilla

200 g de harina

1 cucharadita de sal

250 g de cerezas secas

Precaliente el horno a 180 °C. Forre el molde o la fuente con papel sulfurizado.

Derrita la mantequilla y el chocolate en un cuenco refractario dispuesto sobre un cazo con agua que empiece a hervir. Bata en un cuenco los huevos, el azúcar y el extracto de vainilla hasta que la mezcla quede espesa y cremosa y recubra el dorso de una cuchara. Una vez el chocolate y la mantequilla se hayan derretido, retírelos del fuego y bátalos con los huevos. Tamice juntas la harina con la sal y agréguelas a la mezcla; continúe batiendo hasta que ésta quede homogénea. Mézclela con las cerezas secas.

Vierta la preparación en el molde, asegurándose de que la mezcla queda bien repartida. Hornee 20-25 minutos o hasta que la superficie haya formado una capa marrón que empiece a cuartearse. La preparación no debe temblar, pero su interior debe permanecer jugoso.

Deje enfriar la preparación unos 20 minutos antes de cortarla en cuadrados grandes todavía en el molde. El papel sulfurizado debe retirarse con facilidad.

SUGERENCIA: puede añadir frutos secos u otras frutas secas como alternativa a las cerezas, o bien preparar unos negritos de chocolate sin ningún producto adicional.

Este pastel es increíblemente fácil y rápido de preparar. La canela recién molida esparcida sobre su superficie nos recuerda por qué las especias deben molerse siempre al momento. Melody Talbot ha vivido en Nueva York, Londres, Sídney y Verbier, y se ha desplazado de un lugar a otro con su familia y acompañada por un buen número de recetas. Ésta la escribió en un papel durante una reunión de madres en el colegio de sus hijos en Nueva York.

PASTEL DE PEPITAS DE CHOCOLATE
CON COBERTURA DE CANELA

Tiempo de preparación: 15 minutos
Tiempo de cocción: 50-60 minutos
Necesitará: un molde de base desmontable de 23 cm de diámetro
Para 8 raciones

COBERTURA:

2 trozos de canela en rama o 1 cucharadita de canela molida

75 g de mantequilla sin sal

4 cucharadas de azúcar granulado

PASTEL:

110 g de mantequilla sin sal, ablandada

220 g de azúcar granulado

2 huevos grandes

300 ml de crema agria o yogur entero

1 cucharadita de extracto de vainilla

450 g de harina con levadura incorporada

200 g de chocolate negro, como mínimo con un 60 % de cacao, picado

Precaliente el horno a 180 °C. Engrase el molde con mantequilla y enharínelo.

Para la cobertura, muela los trozos de canela en el mortero hasta obtener un polvo fino dejando unas pocas hebras de la canela, pues ello intensifica su sabor.

Derrita la mantequilla y agréguele el azúcar y la canela; remueva bien y reserve.

Para preparar el pastel, bata la mantequilla con el azúcar, agregue los huevos y continúe batiendo hasta que la preparación quede homogénea. Mezcle bien con la crema agria o el yogur y el extracto de vainilla. Tamice por encima la harina y añada el chocolate. Remueva y mezcle.

Vierta la preparación en el molde y luego distribuya uniformemente la cobertura por encima utilizando el dorso de una cuchara.

Hornee 50-60 minutos. Deje enfriar el pastel en el molde antes de volcarlo.

SUGERENCIA: elija con preferencia canela de Sri Lanka o las islas Seychelles. Evite la cassia, que a veces se vende como canela, pero tiene una corteza mucho más dura y un sabor menos refinado.

VIEJOS FAVORITOS

El bosque tropical húmedo existe desde hace 40 millones de años como mínimo y, aunque ahora sólo cubre
el 2 % de la superficie terrestre, el 40 % de todas las especies de animales y plantas viven en él. Hacia 1990, la mitad del bosque
tropical húmedo había sido destruido y actualmente sigue desapareciendo al alarmante ritmo de 142.000 km^2 por año.

Esta receta maravillosamente sencilla de *kuglòf* procede de Eszter, la abuela húngara de Csilla Fodor, que todavía vive en Oroshàza, al sudeste de Hungría. Csilla guarda agradables recuerdos de sus vacaciones veraniegas, cuando todavía era una niña, época en que este pastel veteado de chocolate constituía todo un lujo tras la sosa dieta del internado donde estudiaba.

KUGLÒF
HÚNGARO

Tiempo de preparación: 30 minutos
Tiempo de cocción: 55 minutos
Necesitará: 1 molde para *kuglof*
Para 8 raciones

6 huevos grandes, separados

375 g de azúcar

200 g de mantequilla sin sal, ablandada

450 g de harina

250 ml de leche

1 cucharadita de zumo de limón

100 g de chocolate negro, como mínimo con un 60 % de cacao, rallado

azúcar lustre, para espolvorear

Precaliente el horno a 140 ºC.

Pincele el interior del molde con un poco de mantequilla derretida y enharínelo.

Bata juntos las yemas, el azúcar y la mantequilla. Tamice la harina y añádala a la preparación anterior junto con la leche y el zumo de limón y mezcle a fondo. Bata las claras a punto de nieve y mézclelas cuidadosamente con la preparación anterior. Divídala en dos partes y añada el chocolate rallado a una.

Reparta la mezcla sin chocolate en el fondo del molde, y cúbrala con la preparación de chocolate. Hornee durante unos 55 minutos o hasta que la superficie del *kuglòf* se cuartee ligeramente.

Retírelo del horno y déjelo enfriar unos 10 minutos antes de volcarlo sobre una rejilla metálica. Una vez se haya enfriado del todo, espolvoréelo con azúcar lustre justo antes de servir.

SUGERENCIA: para asegurarse de que el pastel no se pegue al molde,
colóquelo en el congelador 30 minutos antes de pincelarlo con la mantequilla y enharinarlo.

Claire Fry es una diseñadora gráfica que ha trabajado tanto con Green & Black's como con la firma New Covent Garden Soup Company. Le encanta preparar pasteles para sus amigos siguiendo un tema. Su Bandstand on Clapham Common y su The Royal Albert Hall eran pasteles de boda para parejas a quienes les gustaban pasear a los perros y cantar en el coro. Según Claire, esta receta es infalible y puede adoptar diferentes formas. El pastel es delicioso relleno con confitura de albaricoque o cubierto con una salsa de caramelo.

EL PASTEL
DEL DIABLO

Tiempo de preparación: 15 minutos
Tiempo de cocción: 30-35 minutos
Necesitará: 2 moldes para bizcocho de 20 cm de diámetro y paredes altas
Para 10-12 raciones grandes

350 g de harina

$^1/_2$ cucharadita de levadura en polvo

2 cucharaditas de bicarbonato sódico

una pizca generosa de sal

110 g de cacao en polvo

425 ml de agua fría

225 g de margarina

600 g de azúcar blanquilla

4 huevos grandes

180 g de confitura de albaricoque

salsa de caramelo (*véase* pág. 61)

Precaliente el horno a 180 °C.

Tamice la harina con la levadura, el bicarbonato y la sal. Mezcle el cacao con el agua y reserve. Ablande la margarina batiéndola con una cuchara de madera y mézclela con el azúcar. Bata hasta que la mezcla blanquee y quede muy blanda.

Bata los huevos hasta que formen espuma; agréguelos a la mezcla de margarina poco a poco. Mezcle luego con la harina alternándola con el cacao y el agua. Divida la preparación entre los 2 moldes y hornee 30-35 minutos o hasta que, al insertar una broqueta en el centro, ésta salga limpia. Deje enfriar la preparación unos pocos minutos en el molde y luego vuélquela sobre una rejilla metálica. Déjela enfriar por completo antes de rellenarla con la confitura de albaricoque o el relleno de su elección. Vierta la salsa de caramelo por encima, dejando que caiga sobre las paredes del pastel.

SUGERENCIA: no utilice mantequilla al preparar este pastel,
queda definitivamente más ligero y tiene mejor textura con la margarina.

Agasaje a sus amigos con tres cremas diferentes. Son muy consistentes, por lo que es preferible servirlas en hueveras o vasos de chupito dispuestos en platos de postre acompañados de café y unas delicadas tejas de chocolate (*véase* pág. 106) o unas pastas de mantequilla.

TRES
CREMAS

Tiempo de preparación: 30 minutos
Tiempo de enfriado: 2-3 horas
Necesitará: hueveras, vasos de chupito o de licor
Para 6 raciones

400 ml de crema de leche ligera

1 vaina de vainilla

25 g de chocolate negro, como mínimo con un 60 % de cacao, troceado

25 g de chocolate Maya Gold, u otro chocolate negro con naranja de calidad, troceado

50 g de chocolate blanco, troceado

6 yemas de huevo grandes

50 g de azúcar

$^1/_2$ cucharadita rasa de sal

Caliente a fuego lento la crema con la vaina de vainilla hasta que empiecen a formarse alrededor de ésta unas burbujas, pero asegurándose de que la crema no hierve. Retírela del fuego y déjela reposar para que se infusione.

Derrita los chocolates por separado en un cuenco refractario dispuesto sobre un cazo con agua que empiece a hervir (mantenga el cazo con el agua, pues lo necesitará más tarde). Deje que los chocolates se enfríen, y luego bata 2 yemas con cada chocolate derretido hasta que la mezcla esté lisa. Mezcle un tercio del azúcar y la sal con cada preparación de chocolate hasta que se hayan disuelto por completo.

Retire la vaina de vainilla de la crema y mezcle suavemente un tercio de la crema con cada mezcla de chocolate hasta que todo quede bien amalgamado. Vuelva a poner los cuencos sobre cazos con agua que empiece a hervir.

Cueza hasta que cada mezcla recubra el dorso de una cuchara, removiendo sin cesar.

Vierta cada mezcla de chocolate en el recipiente elegido y refrigere 2-3 horas, hasta que haya cuajado.

SUGERENCIA: derrita el chocolate antes de añadirlo a la crema.
Si intenta añadir chocolate picado o rallado a la mezcla caliente, éste se granulará y la crema no quedará lisa.

Celebrations inauguró un nuevo mercado para los fabricantes de chocolate, por lo que fue uno de aquellos productos que cualquier creativo de márketing desearía haber pensado antes. Jane Holden nos envió espontáneamente esta receta para sus negritos de fiesta, que, según indica, «hará que sus invitados se pregunten qué llevan, pues cada uno contiene un chocolate diferente y tiene también distintas texturas y sabores». Observará que siempre quieren más de uno, por lo que puede doblar la receta.

NEGRITOS
DE FIESTA

Tiempo de preparación: 20 minutos
Tiempo de cocción: 25-30 minutos
Necesitará: un molde de 28 x 18 cm
Para 15 negritos

200 g de mantequilla

100 g de chocolate negro, como mínimo con un 60 % de cacao, troceado

350 g de azúcar moreno blando

4 huevos grandes

1 cucharadita de extracto de vainilla

200 g de harina con levadura incorporada

una pizca de sal

280 g de una caja de Celebrations u otros chocolates de su elección (*véase* inferior)

Precaliente el horno a 180 °C.

Pincele el molde con mantequilla derretida y fórrelo luego con papel sulfurizado.

Derrita la mantequilla y el chocolate en un cuenco refractario dispuesto sobre un cazo con agua que empiece a hervir. Retírelo del fuego y añada el azúcar.

Bata los huevos con el extracto de vainilla y añádalos a la mezcla de chocolate. Tamice la harina y mézclela con la preparación anterior junto con la sal.

Desenvuelva los chocolates. Vierta la mitad de la mezcla en el molde y luego distribuya por encima los chocolates de forma que haya al menos uno en cada porción al cortarlas. Vierta el resto de la mezcla asegurándose de que los chocolates queden bien recubiertos.

Hornee 25-30 minutos hasta que la superficie esté crujiente y el interior blando.

Deje enfriar los negritos en el molde antes de cortarlos.

SUGERENCIA: esta receta también funciona con Maltesers esparcidos por el molde y luego recubiertos con la mezcla del pastel; puede emplear, asimismo, una capa de chocolatinas a la menta.

Esta receta es útil para utilizar aquellos plátanos marrones maduros que nadie quiere comer. Se trata de un pan perfecto para acompañar té, café o la merienda.

PAN DE CHOCOLATE BLANCO,
PLÁTANO Y NUECES

Tiempo de preparación: 30 minutos
Tiempo de horneado: 1- 1^1/$_4$ horas
Necesitará: un molde para pan de 900 g
Para 1 pan grande

125 g de mantequilla sin sal, derretida

175 g de harina

2 cucharaditas de levadura en polvo

^{1}/$_2$ cucharadita de bicarbonato sódico

^{1}/$_2$ cucharadita de sal

150 g de azúcar blanquilla

2 huevos grandes

4 plátanos pequeños maduros, aplastados

100 g de chocolate blanco de calidad, picado en trozos grandes

60 g de nueces, picadas

1 cucharadita de extracto de vainilla

Precaliente el horno a 180 °C. Pincele el interior del molde con un poco de mantequilla derretida y enharínelo a continuación.

Mezcle en un cuenco la harina, la levadura, el bicarbonato y la sal. Bata en otro cuenco la mantequilla derretida con el azúcar. Incorpore los huevos de uno en uno sin dejar de batir y luego los plátanos; mezcle a fondo. Agregue el chocolate blanco, las nueces y la vainilla. Incorpore los ingredientes secos a los húmedos en tres estadios, removiendo bien tras cada adición.

Vierta la mezcla en el molde y hornee 1-1^1/$_4$ horas.

Deslice una espátula alrededor del pan y déjelo enfriar en el molde.

SUGERENCIA: utilice el glaseado dorado de Nigella (*véase* pág. 181) para este pan.

Sólo tiene que pasar muy poco tiempo en el bosque tropical húmedo para entender por qué cultivar cacao de forma orgánica tiene sentido. Los árboles del cacao se plantan bajo árboles indígenas para aprovechar su sombra, abrigarlos del viento y protegerlos del sol cuando éste es demasiado intenso. Cualquier plaga de insectos que intente abastecerse de la cosecha será destruida por los depredadores naturales.

El suelo del bosque tropical húmedo es una alfombra de hojas descompuestas que aportan los nutrientes que ayudan a crecer a las plantas sin necesidad de fertilizantes químicos. Esto resulta en un entorno biodiverso en el que los árboles del cacao crecen entre la flora y la fauna del bosque tropical húmedo.

El proceso de quemar o cortar los árboles en este ecosistema para intensificar el cultivo de las cosechas ha destruido grandes extensiones. Los predadores naturales no pueden vivir sin los árboles, por lo que la mayoría de los cultivadores convencionales utilizan insecticidas químicos, que si no se emplean con mucho cuidado pueden intoxicar a otros habitantes del bosque tropical húmedo o romper sus cadenas alimentarias. Menos hojas descompuestas significa que el suelo no recibe los nutrientes que precisa, por lo que deben utilizarse fertilizantes artificiales. Si se emplean demasiados, el exceso va a parar a los ríos, contaminándolos, lo que a su vez atenta contra la vida de los animales que viven en los mismos y de aquellos que dependen de sus aguas.

Cada día almorzamos en Konditor & Cook. Siempre intentamos resistirnos a sus bonitas bolsas minimalistas de color azul pálido, que hacen su aparición a mediodía. Contemplar las pastas una y otra vez es demasiado, e invariablemente uno de nosotros no es capaz de resistir a la tentación y acaba comprando una. Esta receta de pastel de chocolate y galletas nos la ofreció el chef Gerhard Jenne. Le prometimos que nunca la haríamos a gran escala.

PASTEL DE CHOCOLATE Y GALLETAS DE
KONDITOR & COOK

Tiempo de preparación: 15 minutos
Tiempo de enfriado: 4 horas
Necesitará: un molde para pan de 20 x 8 cm
Para 10 raciones grandes y muy consistentes

125 g de mantequilla sin sal

75 g de jarabe de melaza dorado

200 g de chocolate negro, como mínimo con un 60 % de cacao, troceado

1 huevo

50 g de galletas Digestive

50 g de nueces enteras

50 g de sultanas

50 g de cerezas confitadas, reserve unas pocas para la decoración

Forre el molde con papel sulfurizado y resérvelo.

Derrita juntos la mantequilla y el jarabe en un cazo pequeño y a fuego lento hasta que la mezcla empiece a hervir.

Derrita el chocolate en un cuenco refractario dispuesto sobre un cazo con agua que empiece a hervir, luego mezcle a fondo con la mantequilla y el jarabe de melaza.

Pasteurice el huevo batiéndolo lentamente y sin cesar con la mezcla de chocolate caliente.

Rompa las galletas en trozos grandes; recuerde que se romperán más al mezclarlas, por lo que no debe hacerlo en trozos demasiado pequeños.

Agregue las nueces, las sultanas y gran parte de las cerezas.

Vierta la mezcla de chocolate sobre los ingredientes secos y mezcle con una espátula o una cuchara de madera.

Presione la mezcla contra el molde y decore con las cerezas reservadas. Deje cuajar el pastel en la nevera unas 4 horas. Sáquelo de la nevera, retire el papel y córtelo en porciones o dados. Sírvalo bien frío.

SUGERENCIA: para que esta receta sea aún más apetitosa para los niños, puede sustituir los 100 g de chocolate negro por chocolate con leche.

VIEJOS FAVORITOS

GLASEADO

OSCURO

Ideal para recubrir un pastel de chocolate sofisticado

100 g de chocolate negro, como mínimo con un 60 %
de cacao, picado

50 g de mantequilla sin sal, a dados

Derrita el chocolate en un cuenco refractario dispuesto sobre un cazo con agua que empiece a hervir. Retírelo del fuego, añada la mantequilla y mezcle bien hasta que ésta se haya derretido y la salsa tenga la consistencia de crema espesa.

Utilice el dorso de una cuchara para extenderlo sobre la superficie y las paredes del pastel. Déjelo cuajar. Si lo refrigera, el glaseado perderá su tono brillante.

GLASEADO

DE CHOCOLATE

Un glaseado de chocolate dulce tradicional

100 g de chocolate negro, como mínimo con un 60 %
de cacao, picado

40 g de mantequilla sin sal, a dados

3 cucharadas de agua

75 g de azúcar lustre

Derrita el chocolate en un cuenco refractario dispuesto sobre un cazo con agua que empiece a hervir. Deje el cuenco sobre el agua caliente, tamizando el azúcar lustre y añadiéndolo al chocolate derretido; mezcle bien, agregue luego la mantequilla y remueva hasta que quede incorporada por completo. Retire el cuenco del fuego y añada el agua, 1 cucharada a la vez. Utilice el glaseado todavía caliente, si lo está demasiado caerá y si está demasiado frío no se extenderá bien.

GLASEADO

DE MANTEQUILLA Y CHOCOLATE

Ideal para rellenar y recubrir un pastel infantil

100 g de chocolate con leche

175 g de mantequilla sin sal

175 g de azúcar lustre

Derrita el chocolate en un cuenco refractario dispuesto sobre un cazo con agua que empiece a hervir. Retírelo y déjelo entibiar. Bata la mantequilla hasta que esté blanda, añádale el azúcar y bata bien. Incorpore el chocolate a la mezcla y bata el conjunto a fondo.

POLVO
DE NARANJA

Una cobertura inusual

4 naranjas

300 g de azúcar granulado

120 ml de agua

aceite para engrasar

Lave las naranjas y séquelas bien. Con ayuda de un pelador de hortalizas, retire la capa superior de piel, asegurándose de no retirar la membrana blanca. Ponga a hervir el agua con el azúcar sin remover. Hierva unos 10 minutos o hasta que empiece a formar un almíbar (compruébelo vertiendo un poco en un plato, si empieza a cuajarse enseguida estará listo). Agregue la piel de naranja y continúe hirviendo y sin remover otros 10 minutos. Pincele un poco de aceite sobre una placa de hornear y transfiera con unas pinzas la piel hervida a la placa. Déjela enfriar por completo antes de pulverizarla en el robot. Guárdela en un recipiente hermético.

GANACHE
DE CHOCOLATE

Se trata de un relleno o una cobertura rica, cremosa y espesa. Si necesita más, incremente simplemente las cantidades en la misma proporción.

300 g de chocolate negro, como mínimo con un 60 % de cacao, picado

300 ml de crema de leche espesa

Ponga el chocolate en un cuenco grande. Caliente la crema por debajo del punto de ebullición, viértala sobre el chocolate y empiece a batir enseguida. Continúe batiendo hasta que la mezcla se enfríe y se espese.

GLASEADO
DORADO DE NIGELLA

200 g de chocolate blanco

50 g de mantequilla sin sal

220 ml de crema acidificada

100 g de azúcar lustre dorado sin refinar, tamizado

Derrita el chocolate y la mantequilla en un cuenco refractario dispuesto sobre un cazo con agua que empiece a hervir. Retírelo y déjelo enfriar un poco, añada la crema acidificada e incorpore el azúcar lustre batiendo gradualmente. Refrigere el glaseado un poco para que cuaje antes de utilizarlo.

QUÉ BEBER

CON EL CHOCOLATE

Micah Carr-Hill es nuestro director de desarrollo de productos, aunque también es un gastrónomo serio. Empezó a interesarse por el vino cuando trabajaba en la tienda de vinos Oddbins. Ocho años más tarde había gastado gran parte de sus ahorros comprando vino y cocinando platos para sus amigos y su compañero Nat que a veces le llevan varios días de preparación.

Micah cree que no deben existir reglas sobre lo que debe beberse con un plato concreto, pero dice que «el chocolate y los postres de chocolate son particularmente difíciles, pues cubren la boca, son usualmente bastante dulces y el chocolate tiene por sí mismo un toque de acidez». Sin embargo, sugiere lo siguiente:

«La única cosa que debe tomarse en consideración al emparejar un vino con un postre es que es preferible elegir un vino que sea tan dulce, si no más, que la preparación, pues de lo contrario el sabor del vino quedará atenuado por el de aquello que está comiendo y le parecerá muy basto.

»Sin embargo, el chocolate no armoniza siempre con vinos dulces tradicionales como el sauternes, y puesto que el chocolate casa a menudo con cerezas, pasas, dátiles y otras frutas dulces, tiene sentido acompañarlo con bebidas que tengan sabores similares. Así, por ejemplo, un pastel de chocolate con frambuesas iría bien con un licor de frambuesas o una cerveza belga de frambuesas.

»Los postres ligeros preparados con chocolate blanco y con leche van bien con un vino moscatel como el moscato d'Asti o una variedad ligeramente más densa como el moscatel de naranja (especialmente si lleva naranja). Las cervezas belgas de cereza o frambuesa también serían buenas.

»Los postres preparados con chocolate negro necesitan un vino más denso como el muscat negro o un recioto dulce italiano, elaborado con uvas negras parcialmente secadas. También puede probar un vino dulce natural francés, elaborado con vino parcialmente fermentado y un brandy local como el Rivesaltes, Banyuls o Maury. Un oporto, ruby o tawny, e incluso los madeiras más dulces (Malmsey o Bual), también serían una buena elección.

»Si va a servir platos salados como un mole, necesita un vino tinto con cuerpo para realzarlo. Un gran syrah, shiraz o zinfandel irían bien, al igual que un tinto italiano como el amarone o barolo.

»Las cervezas stouts, porters, y negras elaboradas con maltas ligeramente tostadas son también buenas compañeras, al igual que el café, tanto si la receta lo lleva como si no.

»Siga unas sugerencias propias, pero recuerde que no existen reglas fijas.»

SABORES COMPLEMENTARIOS

ALBARICOQUE – un moscatel dulce o un tokaji húngaro

AVELLANAS – un madeira malmsey o bual, o una cerveza de malta tostada

CAFÉ – café, moscatel naranja, vino de licor moscatel australiano o un jerez oloroso dulce como matusalem

CHOCOLATE BLANCO – burdeos blancos dulces como el sauternes o el barsac, o un riesling de cosecha tardía como auslese o beerenauslese.

CORDERO – un tinto potente del valle del Ródano, Portugal o sur de Italia

DÁTILES – vino de licor moscatel o jerez oloroso dulce

GORGONZOLA – tinto italiano recioto, oporto tawny añejo

HELADO – vino de licor moscatel, oloroso dulce o incluso un jerez Pedro Ximènez, o un madeira malmsey o bual

HIGOS – moscatel ambarino o jerez oloroso dulce

JENGIBRE – cerveza de jengibre, jerez oloroso dulce o Liqueur Muscat

LIEBRE – un gran syrah, shiraz o zinfandel

LIMÓN – un riesling muy dulce de cosecha tardía como un trockenbeerenauslese

MANZANAS – jerez oloroso dulce o vino de licor moscatel

MEXICANO – vino tinto chileno o argentino, cerveza mexicana o un cóctel como el Margarita o el Bloody Mary

NEGRITOS – café o un buen whisky

NUECES – vino de licor moscatel australiano o jerez oloroso dulce

PANNA COTTA – recioto di Soave italiano o un moscatel naranja

PASTAS – té, café, leche

PASTEL DE CHOCOLATE Y CERVEZA – cerveza stout

PERAS – moscatel naranja

PLÁTANO – vino de licor moscatel australiano, tikaji, madeira dulce u oporto tawny

SALCHICHAS – tintos españoles o portugueses con cuerpo o un zinfandel

TARTA DE PACANAS – vino de licor moscatel, cream oloroso dulce o un malmsey o bual madeira

TRUFAS – aguardiente de su elección

VAINILLA – riesling de cosecha tardía

VENADO – un gran tinto italiano como el barolo o un vino del sur como el Salice Salentino

Lubaantun fue el centro de la civilización maya en el sur de Belice. Este gran centro ceremonial ya existía hace más de 100 años escondido en el bosque tropical húmedo.

En esta sociedad vibrante, la medida universal de valor era el fruto del cacao. Puesto que Lubaantun estaba situado en las montañas mayas, donde los árboles del cacao crecían en estado silvestre, se convirtió rápidamente en el centro económico del mundo maya, y los granos de cacao en el corazón de su economía.

En la década de 1850, los colonos tomaron posesión de la tierra y establecieron plantaciones. Intentaron controlar la naturaleza y la tierra y bautizaron algunos lugares con nombres como «Go to Hell Creek» y «Hellgate», unos nombres que permanecen todavía como recuerdo de aquellos tiempos desesperados.

Los mayas retornaron a sus aldeas de las montañas y vivieron gracias a cultivos de subsistencia, comerciando con sus excedentes de granos de cacao a cambio de dinero y trabajando con métodos tradicionales. A principios de la década de 1990, el precio del cacao, que ya había ido cayendo desde hacía varios años, se desplomó de forma espectacular justo antes de la cosecha, pues el mercado mundial estaba inundado de cacao, y muchos granjeros ni siquiera pudieron afrontar la recolección de sus cosechas.

En esa época, Jo Fairley y Craig Sams estaban de vacaciones en Belice y buscaban habas de cacao orgánicas, y se enteraron de sus cuitas. Empezaron a comprar granos de cacao orgánico a los mayas, lo que a su vez llevó a su compromiso con la asociación de comercio

justo. Su relación con la Asociación de Cultivadores de Cacao de Toledo resultó en la creación del chocolate Maya Gold, de Green & Black's, vendido en Gran Bretaña, y que fue el primer producto en llevar la marca de comercio justo.

Más de 300 familias se benefician de la venta de los granos de cacao y muchos granjeros tienen plantaciones con árboles de más de 100 años. Viven en la tierra que sus ancestros cultivaron y podrán conservarla para las futuras generaciones.

Saúl García es un granjero adherido al comercio justo que ha cultivado cacao en Belice durante los últimos 38 años. Si visita sus tierras, que alcanzan 6 hectáreas en las riberas del río Columbia, podrá observar más de quince variedades de árboles de cacao, rodeados de una cascada de hermosos colores procedentes de los arbustos y plantas que cultiva entre sus árboles de cacao.

La biodiversidad creada al plantar tantas especies diferentes de cacao y tan variadas junto con otras plantas ayuda a reducir la amenaza de insectos que causan daños considerables al cacao cultivado de forma orgánica.

Papayo, plátanos, cafeto, coco, mango, árbol del pan, cacao, mamey, zapote, limero, *Theobroma bicolor,* aguacate, palmera cahoon, plátano macho, guanábano, ciruelo, *Leucaena* (mimosa), *Glyricidia* (júpiter), *Craboo* (*Byrsoniana crassifolia*), naranjo, carambolo, vainilla, jengibre, caña de azúcar, acedera y bambú son sólo algunas de las plantas que cultiva Saúl García. Algunas se emplean como alimento o fibra, particularmente para trenzar cestas, y otras son buenas para la tierra; también hay plantas ornamentales para atraer a los polinizadores.

ÍNDICE

AGRADECIMIENTOS

Green & Black's y Caroline Jeremy desean agradecer a todos los colaboradores pasados y presentes de Green & Black's, y especialmente a Micah Carr-Hill, Cluny Brown y Mark Palmer; a todos los granjeros que cultivan cacao para nosotros; Jo Fairley y Craig Sams, nuestros fundadores; a todas las personas cuyas recetas han sido incluidas en este libro; Christopher Nesbitt, la fuerza motriz tras la Asociación de Cultivadores de Cacao de Toledo, en Belice, y su esposa Dawn; Claire Fry, diseñadora del libro; Francesca Yorke, por sus fotografías; David Morgan, economista del hogar; Wei Tang, estilista; los catadores de las recetas Jo Gilks, Sally Leighton, Gilly Booth y Sofia Craxgon; Kyle Cathie, Muna Reyal y Ana Sampson, de Kyle Cathie, nuestros editores; Pearlfisher, nuestra compañía de diseño y Phipps PR.

También deseamos agradecer su colaboración a los siguientes chefs, autores y editores que nos han permitido utilizar sus recetas:

Alistair Little y Richard Whittington, salsa de caramelo, *Keep it simple* (Conran Octopus, 1993)
Tavola, 155 Westbourne Grove, Londres W11 2 RS

Dodi Miller, mole poblano de guajolote, Cool Chile Co. apartado de correos 5702, Londres W11 2GS

Elisabeth Luard, venado agridulce a la italiana, más recetas en *Cocina latinoamericana* (Blume, 2005)

Elizabeth Weisberg y Rachel Duffield,
pan de chocolate de Lighthouse, Lighthouse Bakery, 64 Northcote Road, Londres SW11 6QL

Gerard Coleman y Anne Weyns, tarta de chocolate y caramelo salado, L'Artisan du Chocolat, 89 Lower Sloane Street, Londres SW1 8DA

Gerhard Jenne, pastel de chocolate y galletas, Konditor & Cook, 22 Cornwall Road, Londres SE1 8TW

The Groucho Club, erupciones de chocolate, The Groucho Club, 45 Dean Street, Londres W1D 4QB

Launceston Place, pastel de chocolate y bayas, Launceston Place 1a, Launceston Place, Londres W8

Lorna Wing, pastel Sacher, Lorna Wing Ltd, 48 Westover Road, Londres SW18 2RH

Nigella Lawson, pastel de clementinas, *How to eat, The Pleasures and Principles of Good Food* (Chatto & Windus, 1998)

Nora Carey, suflés de castañas y chocolate, *Perfect Preserves Provisions from the Kitchen Garden* (Stewart, Taboori & Chang, 1990)

Paul y Jean Rankin, pastel de queso, chocolate blanco y avellanas, *Hot Chefs* (BBC Worldwide, 1992)
www.cayennerestaurant.com

Rachel Green, *mousse* de chocolate y hierba limonera, **Rachel Green's Food Design,** The Barn, St Leonard's Lane, South Cockerington, **Louth, Lincolnshire LN11 7EF**

Stuart Oetzman, pastel de frutas, **The Handmade** Food Company,
18 **Charleswood Road, Rashers Green Industrial Estate,** Eerhan NR19 1SX

The **New Covent Soup Company,** sopa de chocolate,
*The New Covent Garden Soup **Company Book of Soups, Old and Odd** Recipes* (Macmillan, Londres, 1996)

Valentina Harris, **liebre agridulce a la toscana,** *Regional Italian Cooking* (BBC Worldwide)
www.villavalentina,com (Escuela de cocina en la Toscana)

Mousse de chocolate blanco y cardamomo reeditada gracias al amable permiso de Harper Collins Publishers Ltd.
© Nigel Slater, *Real Food* (1999)

También deseamos agradecer su colaboración a las siguientes organizaciones:

The Fairtrade Foundation, Suite 204, 16 Baldwin's Gardens, Londres EC1N 7RJ tel: 020 7405 5942 www.fairtrade.org.uk
Soil Association, Bristol House, 40-56 Victoria Street, Bristol BS1 6BY, tel: 0117 929 0661 www.soilassociation.org
Asociación de Cultivadores de Cacao de Toledo, Punta Gorda Depot, Main Road, Punta Gorda, Toledo District, Belice

Caroline también desea agradecer a su marido David y a sus hijos Oscar, Edward, Chloe y Oliver sus habilidades como catadores, paciencia y entusiasmo por todo lo que hace referencia al chocolate; Claire Fry, Jo Gilks, Gilly Booth, Beverley Patrick y Sally Johnston por su talento creativo, sus animadas charlas y sus risas.

2541999

Todos los   de